汉语句子
教学与研究

HANYU JUZI JIAOXUE YU YANJIU

屠爱萍　钱　多◎著

长春出版社

全国百佳图书出版单位

图书在版编目（CIP）数据

汉语句子教学与研究 / 屠爱萍，钱多著．-- 长春 ：
长春出版社，2022.5
ISBN 978-7-5445-6664-3

Ⅰ．①汉… Ⅱ．①屠… ②钱… Ⅲ．①汉语－句法－
对外汉语教学－教学研究 Ⅳ．① H195.3

中国版本图书馆 CIP 数据核字（2022）第 031306 号

汉语句子教学与研究

著　　者：屠爱萍　钱　多
责任编辑：杜　菲
封面设计：楠竹文化

出版发行：长春出版社　　　　　　总编室电话：0431—88563443
地　　址：吉林省长春市长春大街 309 号　　发行部电话：0431—88561180
邮　　编：130041
网　　址：www.cccbs.net
制　　版：吉林省渼竖传媒有限公司
印　　刷：三河市华东印刷有限公司
经　　销：长春出版社

开　　本：880 毫米 × 1230 毫米　1/32
字　　数：252 千字
印　　张：7.875
版　　次：2022 年 5 月第 1 版
印　　次：2022 年 5 月第 1 次印刷
定　　价：78.00 元

基金项目

2020 年度教育部中外语言交流合作中心国际中文教育重点创新项目

2019 年教育部人文社科重点研究基地重大项目"现代汉语教学语法研究"（项目编号为 19JJD790004）

前 言

本书针对将汉语作为第二语言的学习者学习现代汉语的现实需求，对现代汉语句子的相关语法知识进行了较为系统的介绍，对其中的难点进行了有针对性的讨论和阐释，是一本面向国际中文教育的现代汉语句子相关知识汇编，可供从事国际中文教育的教师和准教师、汉语言文学和汉语国际教育等专业的本科生、语言学及应用语言学专业和汉语国际教育等专业的研究生，以及将汉语作为第二语言的学习者作为参考书使用，有助于读者系统理解和全面掌握现代汉语句子的相关知识。与现有同类语法著作相比，本书具有以下几个主要特点：

一、全面性和系统性

本书的内容涵盖了《汉语水平等级标准与语法等级大纲》《国际汉语教学通用课程大纲（修订版）》《HSK考试大纲》（一级至六级）及《国际中文教育中文水平等级标准》等纲领性著作中与现代汉语句子相关的主要语法点，并在此基础上进行了适当的扩展，对现代汉语的句子成分、句类、句型、特殊句式和复句等进行了较为全面而系统的介绍与阐释。例如，现有国际中文教育相关语法著作关于特殊句式的介绍，大多并未提及特殊句式的分类标准，也未提及句类、句型与特殊句式的关系。而本书在第三章和第四章分别介绍了句类、句型和特殊句式，明确指出了各种句子类别的划分标准以及相互之间的关系，对细节问题进行了强调和区分。

二、理论性与前沿性

本书对与汉语句子相关的语法点进行了系统梳理，确保相关知识点能够反映最新的学术成就，具有理论性和前沿性。对文献中存在争议的问题，本书进行了较为系统的说明与论证。例如，关于主谓谓语句的类型，本书划分了两个大类，将文献中普遍认可的约十个小类分别归入其中；对于"周遍性主语"，不少文献将其单列，但是这样容易与其他类别产生交叉，因此，本书将其并入其他小类。关于存现句的范围，大多数语法著作只将某处所存在、出现或消失了某事物的句子认定为存现句，但还有一种观点是将某时存在、出现或消失了某事物的句子也认定为存现句，本书对相关文献及观点均以做注的方式进行了介绍。又如，关于"是"字句，相关文献中大多只谈及句子能够表达等同、类属、存现、比喻等意义，本书根据近年来汉语语法学界的最新研究成果，不但全面总结了"是"字句所表达的意义，如等同、类属、存在、领有、比喻、时间、空间、关系、角色、衣着、年龄、排行、费用、数量、活动、情状、评价、说明、承接、因果、目的、方式、工具等，而且对"是"字进行了统一的解释，对"是"字句的主语与宾语关系进行了归纳和说明。

三、针对性和实用性

本书作者基于十余年的汉语语法教学与研究实践，对哪些语法知识点需要重点阐述，哪些只需简单介绍，同类语法知识点应该按照什么样的顺序进行排列，例句是否具有典型性、关联性及其中词语的准确性等，均进行了细致的思考与探讨。为了确保内容的针对性，本书特别关注将汉语作为第二语言学习的学习者在汉语句子学习中的重点、难点与特点，根据语言类型（孤立语与屈折语、黏着语）的比较，选择汉语中特点鲜明的语法知识点进行介绍和讨论，对于同一章节中各语法点的排序，遵照循序渐进的标准，使前文的知识点为后文的知识点做铺垫。汉语语法术语繁多，且各术语之间的关系也比较复杂，本书在阐述语法知识时尽量使用较为通俗易懂的语言，对相似的语法点进行了较为详细的辨析，同时选择了较为丰富而典型的例证，提供了大量具有针对性的思考与练习。本书融理论介绍、例证解析和即时操练于一体，有助于读者更好地理解相关语法知识点。

　　本书在撰写的过程中，参考了大量语法学界前辈和时贤的观点，在此一并表示由衷的感谢！

目　录

第一章 绪 论

句子是由词或短语按照一定的规则组成的，具有句调且能够表示相对完整意义的语言单位。例如：

① 飞机。

② 学习语法。

③ 这支笔真漂亮！

在没有句调的情况下，"飞机"是词，"学习语法"是短语，但在回答"那是什么"和"你们在干什么"的时候，"飞机"和"学习语法"加了句调，就是句子。

汉语是意合语言，在语法规则中，把表情达意放在首位，而形式上主、谓、宾等句子成分是否完备并不直接影响对句意的理解。汉语的句子主要具有以下几个特征：

第一，缺乏形态标记和成分标记。

汉语是一种孤立语，也称为"分析语"。与黏着语（如韩语）相比，汉语的各种句子成分之间缺乏句法成分标记；与屈折语（如俄语）相比，汉语的词语缺少形态变化。例如：

④ 우리는 문법을 공부한다.

우리 - 는　문법 - 을　공부하 - ㄴ다

我们（话题标记）语法（宾格助词）学习（终结语尾）

我们学习语法。

⑤ Я учу грамматику.

Я   учить -у   грамматика -у

我 _(主格)   学习 _(动词第二变位法)   语法 _(名词单数第四变格)

我学习语法。

⑥ Ты учишь грамматику.

Ты   учить -ишь   грамматика -у

你 _(主格)   学习 _(动词第二变位法)   语法 _(名词单数第四变格)

你学习语法。

⑦ Он/она учит грамматику.

Он/она   учить -ит   грамматика -у

他 / 她 _(主格)   学习 _(动词第二变位法)   语法 _(名词单数第四变格)

他 / 她学习语法。

⑧ Мы учим грамматику.

Мы   учить -им   грамматика -у

我们 _(主格)   学习 _(动词第二变位法)   语法 _(名词单数第四变格)

我们学习语法。

⑨ Вы учите грамматику.

Вы   учить -ите   грамматика -у

您 / 你们 _(主格)   学习 _(动词第二变位法)   语法 _(名词单数第四变格)

您 / 你们学习语法。

⑩ Они учат грамматику.

Они   учить -ат   грамматика -у

他们 / 她们 _(主格)   学习 _(动词第二变位法)   语法 _(名词单数第四变格)

他们 / 她们学习语法。

第二，不但允许省略主语和宾语，而且还允许省略核心动词和介词。

不允许省略主语和宾语的语言属于非空代词语言（non-pro-drop language），如英语、法语等。允许省略主语和宾语的语言属于空代词语言（pro-drop language），如西班牙语、意大利语等。例如：

⑪ $\emptyset$[1] Yo No creo que señor wang venga hoy.

$\emptyset$Yo　　no　creer　que　señor　wang　venir　hoy

$\emptyset$我（主格）不相信（现在时）（连接词）先生　王　来（现在时）今天

我不相信王先生今天会来。

⑫ $\emptyset$Este es mi libro.

$\emptyset$Este　　　　ser　　　　mi　　　　libro

$\emptyset$这　　　是（现在时）　　我的（所有格）　　书

这是我的书。

英语中主语和宾语一般不能省略，但是在汉语中是可以省略的。不但如此，汉语句子中的谓语中心语和介词等也可以省略。例如：

⑬ It is raining.（下雨了。）　　　　（不需要虚主语）

⑭ I like it.（我喜欢 $\emptyset$。）　　　　（省略宾语）

⑮ 我家 $\emptyset$ 两个孩子。　　　　（省略谓语中心语）

⑯ 张三 $\emptyset$ 两个苹果。　　　　（省略谓语中心语）

⑰ 你 $\emptyset$ 前面带路。　　　　（省略介词"在"）

⑱ 他每天都吃 $\emptyset_1\emptyset_2$ 食堂。　　　　（省略宾语 $\emptyset_1$ 和介词 $\emptyset_2$）

---

[1] 本书中的"$\emptyset$"表示无语音形式的句法成分，该句中西班牙语的主语"Yo（我）"虽然可以根据动词变位推测出来，但是采用了无语音的隐性形式，下文同。

第三，词类和句子成分并非一一对应，同一类词可以充当不同的句子成分。

俄语、英语等屈折语中，词类和句子成分基本上是一一对应的关系。名词做主语或宾语的中心语，动词做谓语的中心语。如果动词要做主语或宾语的中心语，就要变成不定式或动名词的形式。这保证了词类和句子成分的一一对应关系。如下所示：

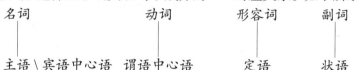

汉语词类本身就缺乏形态标记，进入句子后也几乎没有形态变化，汉语词类和句子成分并不是一一对应的，关系较为复杂。如下所示 [1]：

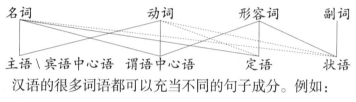

汉语的很多词语都可以充当不同的句子成分。例如：

⑲ 学习是一种习惯。　　　　（"学习"做主语）

⑳ 我们正在学习语法。　　　（"学习"做谓语中心语）

㉑ 他喜欢学习。　　　　　　（"学习"做宾语）

㉒ 这是我们的（学习）材料。　（"学习"做定语）

第四，汉语的语序比较灵活。

汉语中，同样的词语表达同样的语义，却可以使用不同的语序。比如说，同样的施事、受事、动作行为，却可以运用不同的语序进行排列。例如：

---

[1] 图中实线连接的是该词类最常见的主要句法功能，虚线连接的是该词类在主要句法功能之外的其他句法功能。

㉓我没看过这本书。

㉔这本书我没看过。

㉕我这本书没看过。

㉖他已经擦了黑板。

㉗他已经把黑板擦了。

㉘黑板已经被他擦了。

第五，语序和虚词十分重要。

像俄语这种形态标记非常发达的语言，因为词语的性数格等具有丰富的形态变化，因而语序通常没有那么重要；而汉语中同样的语言材料，如果按照不一样的顺序进行组合，结果会不同。例如：

㉙Я люблю тебя.

Я люблю тебя
我 (主格) 爱 (动词第一变位法) 你 (宾格)

我爱你。

㉚Тебя люблю я.

Тебя люблю я
你 (宾格) 爱 (动词第一变位法) 我 (主格)

我爱你。

㉛Я тебя люблю.

Я тебя люблю
我 (主格) 你 (宾格) 爱 (动词第一变位法)

我爱你。

㉜我爱你。

㉝你爱我。

㉞ * 我你爱。[1]

同样的三个词，在俄语中无论排列的顺序如何，意义都相同；而汉语的三个句子分别是正确的句子、意义发生变化的句子和错误的句子。这表明语序在汉语的语法规则中发挥着重要的作用，如果不遵循正确的语序规则，就会影响表达的效果。

同样，用不用虚词、用什么样的虚词，汉语句子的意义也不同。例如：

㉟ 他在火车站上车。　　（问题：他在哪儿上车？）

㊱ 他在火车站上的车。　（问题：他在哪儿上的车？）

㊲ 他在火车站上车吧？　（确认：他在火车站上车。）

上面三个句子分别表示动作行为没有发生、动作行为已经发生，以及对动作行为是否发生进行确认。

总之，汉语句子重意合，缺乏形态标记，不但允许省略主语和宾语，而且还允许省略核心动词和介词，词类和句子成分的关系并不一一对应，同一类词可以充当不同的句子成分，语序比较灵活，同时，语序和虚词也十分重要。

思考与练习

一、举例说明汉语句子的特点。

二、举例说明你的母语或者熟悉的外语中句子的特点。

---

[1] 本书中，带 * 号的例子均为偏误。

第二章　句子成分

第一节　认识句子成分

句子成分也称"句法成分"，是按一定语法关系构成句子的语法单位，如主语和谓语，动语和宾语，定语、状语、补语和中心语等。句子成分之间存在对应关系，可列举如下：

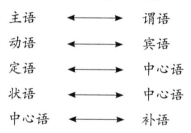

具有对应关系的句子成分之间是共现的，没有前者就不会有后者。比如，动语是相对于宾语而言的，没有宾语，就不存在动语。

一、主语和谓语

主语和谓语之间是被陈述和陈述的关系。主语是被陈述的对象，谓语是对主语进行叙述、描写或判断、说明的内容。例如：

① 飞机 ‖ 起飞了。

② 这里的风景 ‖ 真美。

③ 今天 ‖ 星期一。

④ 小王 ‖ 个子很高。

上述例子中，双竖线前面是主语，双竖线后面是谓语。

二、动语和宾语

有些谓语可以划分为动语（也称为"述语"）和宾语，动语和宾语之间是支配和被支配的关系，动语是支配、关涉后面宾语的，宾语是动语支配、关涉的对象。例如：

① 我们 ‖ 交流了｜学术问题。

② 他 ‖ 终于露出了｜笑脸。

③ 我 ‖ 昨天打伤了｜一个小偷。

上述例子的谓语中，单竖线前面是动语，单竖线后面是宾语。

三、附加成分与中心语

被修饰限制或者被补充说明的成分叫作中心语，起修饰限制或补充说明作用的成分叫作附加成分，主要包括定语、状语和补语。定语位于主语或宾语中心语的前面，修饰限制主语或宾语中心语；状语位于谓语中心语的前面，修饰限制谓语中心语；补语位于谓语中心语的后面，补充说明谓语中心语。例如：

① 她是（一个）（漂亮）的姑娘。

② 妈妈为我们 [默默] 地付出着。

③ 他来得〈太早〉，（一个）人也没有。

如上，"漂亮"是修饰宾语的定语，它的中心语是"姑娘"；"默默"是修饰谓语中心语的状语，它的中心语是"付出"；"太早"是补充说明谓语中心语的补语，它的中心语是"来"；"一个"是修饰主语中心语的定语，它的中心语是"人"。

汉语语法研究和教学中，由于"主语中心语""谓语中心语"和"宾语中心语"的说法比较复杂，常常简称为"主语""谓语""宾语"，形成"定状补"修饰限制或补充说明"主谓宾"的说法。本书在不突显"中心语"的性质时，便采用这种简洁的说法。

四、分析句子的主要方法

在汉语语法教学中最常用的分析方法是句子成分分析法和层次分析法，而将两者结合起来的分析法则被称为"综合分析法"。

（一）句子成分分析法

句子成分分析法也称为"中心词分析法"，即从句法结构的关系出发，对句子做成分功能或作用分析的方法，按照线性顺序依次标出基本成分（主语中心语、谓语中心语和宾语中心语）和次要成分（定语、状语和补语）。例如：

①［那几年］，（我）哥哥‖［在工作中］学〈会〉了｜（很多）技术。

　　［状语］（定语）主语中心语［状语］谓语中心语〈补语〉（定语）宾语中心语

主语中心语、谓语中心语和宾语中心语分别在其下方以双横线、单横线和波浪线标注，而定语、状语和补语则分别在其前后以圆括号、方括号和尖括号标注。

（二）层次分析法

层次分析法把任何结构都按意义分为两个部分，然后再进一步细分，也称为"二分法"或"直接成分分析法"。例如：

②咬　死　了　猎　人　的　狗

009

③咬　死　了　猎　人　的　狗

层次分析法能够有效地说明句子成分之间的结构关系和语义关系，便于了解各成分之间的组合情况。

（三）综合分析法

综合分析法是将句子看成一个具有层级的单位，一个句子中的各成分并不是处在同一个层面上，句子成分之间的关系有亲疏远近之别，没有对应关系的句子成分之间不发生直接关系。如前文所述，主语和谓语有对应关系，动语和宾语有对应关系，定语、状语、补语都和中心语有对应关系。由对应的句子成分组成直接成分，这个直接成分再和别的句子成分组合，层层套合构成句子。列表如下：

表2—1　句子成分及其层级关系

主语		谓语				
定语	中心语	动语			宾语	
		状语	中心语	补语	定语	中心语
全班	同学	都	写	完	语法	作业
（全班）同学‖[都]写〈完〉了｜（语法）作业。						

按照综合分析法划分，可先将这个句子划分为主谓结构，"全班同学"是主语，"都写完了语法作业"是谓语；"全班"是定语，修饰主语中心语"同学"；"都写完"是动语，支配宾语"语

法作业"；"都"是状语，修饰谓语中心语"写"；"完"是补语，补充说明谓语中心语"写"；"语法"是定语，修饰宾语中心语"作业"。

思考与练习一

一、分析下列句子的句子成分。

1. 郑老师从办公室走出来了。

2. 她是中国著名的女歌手。

3. 草丛里忽然跳出来一只小白兔。

4. 我是一名大四的学生。

5. 李阳吃了一根冰糖葫芦。

6. 姑娘悄悄地走了进来。

7. 他激动得跳起来了。

8. 他是我们组的冠军。

9. 我知道你已经通过了。

10. 他带来了一只可爱的小狗。

二、选择正确的答案填空。

1. "他轻轻地走了"中"轻轻地"的句子成分是（　　）。

　　A. 状语　　　B. 主语　　　　C. 补语　　　　D. 定语

2. "我喜欢打篮球"中的谓语中心语是（　　）。

　　A. 喜欢　　　B. 打篮球　　　C. 打　　　　D. 喜欢打篮球

3. 主语和谓语之间的关系是（　　）。

　　A. 修饰和被修饰　　　　　B. 补充说明和被补充说明

　　C. 陈述和被陈述　　　　　D. 被陈述和陈述

4. 补语和中心语之间的关系是（　　）。

A. 修饰和被修饰　　　　　B. 补充说明和被补充说明

C. 限制和被限制　　　　　D. 陈述和被陈述

5. "她难过得哭了起来"中，充当补语的成分是（　　）。

A. 起来　　　　　　　　　B. 难过

C. 哭了起来　　　　　　　D. 难过得哭了起来

三、将下列词语组合成句子。

1. 老师　功课　嘱咐　复习　同学们　认真

2. 早上　张三　今天　时代广场　去　了

3. 跳水　真　完美　跳　全红婵　得

4. 李明　带　从　回来　山上　红色的　一块　石头

5. 眼前　一个　女孩儿　突然　漂亮　的　出现　了　他

四、举例说明你的母语或者熟悉的外语中的各类句子成分。

第二节　主语和谓语

主语和谓语之间是被陈述和陈述的关系。主语一般在谓语的前面，是被陈述的对象，能回答"谁""什么"的问题；谓语一般在主语的后面，对主语进行陈述，能回答主语"做什么""怎么样""是什么"的问题。例如：

① 我们 ‖ 学习语法。

② 小张 ‖ 特别努力。

③ 小王 ‖ 态度很好。

④ 麦克 ‖ 是英国人。

口语中，经常可以见到主语后置的情况，即主语在后，谓语在前。例如：

⑤ 厉害了，我的哥。

⑥ 怎么了，你！

一、主语的结构类型

主语一般由体词性成分充当，也可以由谓词性成分[1]和主谓短语等充当。

（一）体词性成分做主语

1. 体词做主语

① 妈妈 ‖ 是最爱我的人。　　（普通名词）

② 今天 ‖ 星期一。　　　　　（时间名词）

③ 前面 ‖ 有座桥。　　　　　（方位名词）

④ 我 ‖ 喜欢旅行。　　　　　（人称代词）

⑤ 这样 ‖ 不行。　　　　　　（指示代词）

⑥ 谁 ‖ 也不知道。　　　　　（疑问代词）

⑦ 十五 ‖ 才是正确答案。　　（数词）

2. 体词重叠式[2]做主语

⑧ 人人 ‖ 平等。　　　　　　（名词重叠）

⑨ 句句 ‖ 都是真理。　　　　（量词重叠）

3. 体词性短语做主语

（1）联合短语做主语

⑩ 北京和上海 ‖ 都是国际大都市。

⑪ 今天和明天 ‖ 都是晴天。

⑫ 他们和你 ‖ 谁去都可以。

---

[1]在实词中，经常充当主语或宾语的词，叫体词，如名词、代词、数词、量词等；经常充当谓语的词，叫谓词，如动词、形容词等。

[2]词语重叠式是汉语中较为特殊的形式，其他很多语言中不允许这种情况存在。

（2）定中短语做主语

⑬ 红色的玫瑰花 ‖ 最好看。

⑭ 我家 ‖ 在一座大山脚下。

⑮ 桌子上的那支笔 ‖ 是哥哥送的。

（3）方位短语做主语

⑯ 教室里 ‖ 安静得很。

⑰ 门外面 ‖ 站着一个人。

⑱ 长江以南 ‖ 都属于南方。

（4）同位短语做主语

⑲ 他们几个人 ‖ 都来了。

⑳ 首都北京 ‖ 是个现代化的城市。

㉑ 我的同桌王林 ‖ 学习很努力。

（5）数量短语做主语

㉒ 一个 ‖ 都不能少。

㉓ 一米 ‖ 等于一百厘米。

㉔ 十分钟 ‖ 足够去一趟办公室。

（6）"的"字短语做主语

㉕ 高个子的 ‖ 是我妹妹。

㉖ 走在前面的 ‖ 是张明。

㉗ 桌上放着的 ‖ 只有两本书。

（二）谓词性成分做主语

1. 谓词做主语[1]

㉘ 说 ‖ 比做容易得多。

---

[1]除汉语外的很多语言中，如果表示动作行为或性质状态的词做主语，则需要变成对应的体词形式，比如英语的谓词对应的名词形式（如diligence）或者动名词形式（如 reading）等。

㉙ 诚实 ‖ 是一种美德。

2. 谓词重叠式做主语

㉚ 看看 ‖ 没什么坏处。

㉛ 听一听 ‖ 也可以。

㉜ 拖拖拉拉 ‖ 是个大毛病。

3. 谓词性短语做主语

（1）谓词联合短语做主语

㉝ 走不走 ‖ 都行。

㉞ 参观访问 ‖ 需要提前预约。

㉟ 漂不漂亮 ‖ 并不重要。

（2）动宾短语做主语

㊱ 回国 ‖ 是他的心愿。

㊲ 学汉语 ‖ 已经三年了。

㊳ 打篮球 ‖ 可以锻炼身体。

（3）状中短语做主语

㊴ 光说 ‖ 没用。

㊵ 酒后开车 ‖ 很危险。

㊶ 严格要求 ‖ 是为了你好。

（4）中补短语做主语

㊷ 写错 ‖ 是要扣分的。

㊸ 碰坏 ‖ 要赔钱。

㊹ 少一点儿 ‖ 没关系。

（5）连谓短语做主语

㊺ 出去买饭 ‖ 只需要二十分钟。

㊻ 坐车回去 ‖ 比较方便。

㊼ 躺着看书 ‖ 对眼睛不好。

（6）兼语短语做主语

㊽ 请她来 ‖ 是领导决定的。

㊾ 让你走 ‖ 是为了你好。

㊿ 派他出差 ‖ 是有原因的。

（三）主谓短语做主语

(51) 他来这里 ‖ 是我没有想到的。

(52) 妹妹考上大学 ‖ 是我家的大喜事。

(53) 颜色亮一点儿 ‖ 更好看。

二、谓语的结构类型

谓语一般由谓词性成分充当，也可以由名词性成分、主谓短语等充当。

（一）谓词性成分做谓语

1. 谓词做谓语

汉语中动词、形容词做谓语时要在其前面或后面加上别的成分，一般不单独做谓语。例如：

① 他正在看。

② 他看了。

③ 姐姐很高。

动词单独做谓语时，一般出现在对话中，或者表示祈使；形容词单独做谓语，也可以出现在对话中，或者表示对比、列举等。例如：

④ A：他看吗？

B：他看。（对话）

⑤ A：姐姐高还是妹妹高？

　　B：姐姐高。　　　　　　（对话）

⑥ 您坐！　　　　　　　　　（祈使句）

⑦ 姐姐高，妹妹矮。　　　　（对比句）

⑧ 姐姐聪明、勤奋、认真。　（列举句）

2.谓词重叠式做谓语

⑨ 你 ‖ 试试。

⑩ 我们 ‖ 讨论讨论。

⑪ 这里 ‖ 静悄悄的！

⑫ 那个房间 ‖ 干干净净的。

3.谓词性短语做谓语

（1）联合短语做谓语

⑬ 小姑娘们 ‖ 又唱又跳。

⑭ 你 ‖ 走不走？

⑮ 消息 ‖ 真实可靠。

（2）动宾短语做谓语

⑯ 小明 ‖ 喜欢游泳。

⑰ 他 ‖ 有两个妹妹。

⑱ 玛丽 ‖ 练习书法呢。

（3）状中短语做谓语

⑲ 客人 ‖ 刚走。

⑳ 叶子 ‖ 慢慢地黄了。

㉑ 爷爷的身体 ‖ 很健康。

（4）中补短语做谓语

㉒ 他 ‖ 高兴得跳起来了。

㉓ 这曲子 ‖ 好听极了。

㉔ 房间 ‖ 打扫干净了。

（5）连谓短语做谓语

㉕ 他 ‖ 拿了一把伞出去了。

㉖ 妈妈 ‖ 去超市买菜了。

㉗ 小妹妹 ‖ 哭着跑了进来。

（6）兼语短语做谓语

㉘ 老李 ‖ 请你们去他家。

㉙ 经理 ‖ 派我到上海出差。

㉚ 这首歌 ‖ 让我想起了一个朋友。

（二）体词性成分做谓语

1. 名词做谓语

表示时间、天气的名词常常做谓语，其否定形式是在名词前加"不是"。例如：

㉛ 明天 ‖ （不是）国庆节。

㉜ 昨天 ‖ （不是）阴天。

㉝ 今天 ‖ （不是）星期日。

这类名词性谓语，前面常常受"就""又""已经"等副词的修饰，后面还可以加语气词"了"。例如：

㉞ 明天 ‖ 就国庆节了。

㉟ 昨天 ‖ 又阴天了。

㊱ 今天 ‖ 已经星期日了。

2. 名词性短语做谓语

（1）定中短语做谓语

㊲ 这个椅子 ‖ 三条腿。

㊳ 这个地方 ‖ 很多山。

㊴ 他的妹妹 ‖ 黄头发。

（2）联合短语做谓语

㊵ 她 ‖ 高高的鼻梁、大大的眼睛、甜甜的酒窝。

㊶ 衣柜里 ‖ 两件羽绒服、三件毛衣、四条裤子。

㊷ 桌子上 ‖ 一个杯子、两本书、一支笔。

3．其他体词性成分做谓语

（1）代词做谓语

㊸ 你 ‖ 怎么样？

㊹ 他 ‖ 就这样。

（2）量词重叠式做谓语

㊺ 清风 ‖ 阵阵，花香 ‖ 缕缕。

㊻ 浪花 ‖ 朵朵，渔帆 ‖ 点点。

（3）数量短语做谓语

㊼ 一斤 ‖ 五块。

㊽ 每人 ‖ 三本。

㊾ 这个姑娘 ‖ 十八岁。

（三）主谓短语做谓语[1]

㊿ 小王 ‖ 个子很高。

(51) 张三 ‖ 什么书都爱看。

(52) 李丽 ‖ 羽毛球打得很好。

---

[1]主谓短语做谓语的句子叫作“主谓谓语句”，我们将在第四章第一节“主谓谓语句”中进行详细介绍，此处不赘。

三、主语和谓语的语义类型

主语和谓语之间的语义关系是比较复杂的。主语的语义分类主要看主语充当什么语义角色，谓语的语义分类主要看谓语对主语起什么作用。

（一）主语的语义类型

当谓语表示动作行为时，主语可以是施事，即动作行为的发出者、主动者；也可以是受事，即动作行为的承受者、被动者。当谓语不表示动作行为时，主语既不是施事，也不是受事，而是中性的。所以，从语义角度可将主语大致分为施事主语、受事主语和中性主语三类。

1. 施事主语

表示动作行为发出者或执行者等语义的主语，叫作施事主语。例如：

① 小王 ‖ 把那些菜都吃完了。

② 楼上的邻居 ‖ 招待了他们。

③ 张三 ‖ 惊慌地逃走了。

2. 受事主语

表示动作行为的接受者或承受者等语义的主语，叫作受事主语。例如：

④ 苹果 ‖ 吃完了。

⑤ 黑板 ‖ 擦干净了。

⑥ 他 ‖ 被警察带走了。

3. 中性主语

不表示施事或受事的主语，叫作中性主语，或称为"非施受主语"。这时，谓语中心语一般由名词性成分、形容词性成分或非动作行为动词充当，所以主语与谓语之间不存在施受关系，主语是中性的，是谓语描写、说明、判断的对象。例如：

⑦ 这个杯子 ‖ 很漂亮。

⑧ 桌上 ‖ 有两本书。

⑨ 她 ‖ 是我最好的朋友。

⑩ 今天 ‖ 又是星期六了。

⑪ 鲁迅，‖ 中国著名作家。

⑫ 他 ‖ 才十八岁。

此外，还存在一种情况：主语和宾语之间存在领属关系，主语与谓语中心语的语义没有直接联系，宾语与谓语中心语的语义存在直接联系。例如：

⑬ 他 ‖ 扭到了一只脚。

⑭ 我 ‖ 掉了几滴眼泪。

⑮ 王大爷 ‖ 跑丢了一只猫。

以上例句可以变换为"他的一只脚扭到了""我的几滴眼泪掉了""王大爷的一只猫跑丢了"。这时，主语也属于中性主语。

（二）谓语的语义类型

根据谓语与主语的语义关系，可将谓语大致分为叙述性谓语、描写性谓语、判断说明性谓语三类[1]。

1. 叙述性谓语

谓语叙述主语的动作行为或与主语有关的一件事情，这种谓语叫作叙述性谓语，主要由动词性成分充当，表示主语"做什么"。例如：

---

[1]含有叙述性谓语、描写性谓语、判断性谓语的句子分别叫作叙述句、描写句、判断句。

⑯ 他 ‖ 昨天去北京了。

⑰ 小明 ‖ 把小鸟放飞了。

⑱ 我 ‖ 写完了作业。

2. 描写性谓语

用来描写主语性状的谓语叫作描写性谓语。这种谓语主要由形容词性成分充当，主要表示主语"怎么样"。例如：

⑲ 这个女孩儿 ‖ 很漂亮。

⑳ 远处的歌声 ‖ 十分动听。

㉑ 她写的字 ‖ 整整齐齐的。

3. 判断说明性谓语

用来说明主语的类属或某种情况的谓语叫作判断说明性谓语，这种谓语主要由名词性成分或"是"字及其宾语构成，表示主语"是什么"。例如：

㉒ 鲁迅， ‖ 中国著名作家。

㉓ 今天 ‖ 星期天。

㉔ 我 ‖ 是一名大学生。

四、主语和话题

话题与主语之间有一定的关联性，但也有很大的区别。主语是与谓语相对的句法概念，话题则是与说明相对的语用概念。话题是说话的出发点，它往往处在句首，是一句话的已知信息，可以由句中主语充当，也可以由句首状语等成分充当。例如：

① 对这件事， ‖ 我没有意见。

② 我 ‖ 是一名大学生。

在例①中，"我"是主语，状语"对这件事"是话题；在例②中，"我"既是主语，又是话题。当主语与话题重合时，谓语与说明重合；同理，当主语与话题不重合时，谓语与说明也不重合。

思考与练习二

一、指出下列句子中主语的构成成分与语义类型。

1. 他们和我一起学习语法。

2. 班主任孙老师通知了我们。

3. 花园里开满了五颜六色的花。

4. 十五是五的倍数。

5. 快来，姐姐。

6. 这架钢琴送给你。

7. 两瓶酒已经全喝完了。

8. 游泳有益于健康。

9. 请他来太合适了。

10. 骄傲是成功的敌人。

二、指出下列句子中谓语的构成成分与语义类型。

1. 这朵玫瑰花漂亮极了。

2. 他从房间里走出来了。

3. 张老师拿了一本书走了出来。

4. 老师让我把作业再写一遍。

5. 树叶落了。

6. 他尝了尝。

7. 今天星期天。

8. 他是一个特别爱踢足球的孩子。

9. 王老师非常博学。

10. 那张桌子抽屉坏了。

三、判断下列说法的正误。

1. "我喜欢打篮球"中"打篮球"是"喜欢"的宾语。（　　）

2. 名词性成分不能做谓语。（　　）

3. 量词重叠式不可以做主语。（　　）

4. "白色很漂亮"是形容词做主语。（　　）

5. "今天星期天"是名词做谓语。（　　）

6. "他胳膊疼"的谓语是"疼"。（　　）

7. "他的胳膊疼"的主语是"他的胳膊"。（　　）

8. 主谓短语可以做谓语。（　　）

四、选择正确的答案填空。

1. 我喜欢（　　）。

    A. 不篮球　　　　　　　B. 打篮球

    C. 篮球得很　　　　　　D. 很打篮球

2. 下列句子中谓语是名词性成分的是（　　）。

    A. 这幅画真漂亮　　　　B. 他三个苹果

    C. 他胳膊疼　　　　　　D. 小明今天开学

3. 下列句子中兼语短语做谓语的句子是（　　）。

    A. 张芳哭着跑了出去　　B. 老师让我们回去

    C. 他胳膊疼得叫出了声　D. 我希望你走

4. 下列不能做主语的是（　　）。

    A. 动词　　　　　　　　B. 副词

    C. 数量短语　　　　　　D. 定中短语

5. "妈妈去超市买菜"的谓语是（　　）。

    A. 连谓短语　　　　　　B. 中补短语

C. 动词联合短语　　　　　D. 状中短语

6. 不属于主语和谓语之间的语义关系的是（　　）。

　　A. 叙述　　　　　　　　B. 描写

　　C. 判断说明　　　　　　D. 支配

7. 下列句子中主语和话题重合的是（　　）。

　　A. 对他我很无语　　　　B. 在树上一只小鸟站着

　　C. 他的名字我也不知道　D. 在这里没有人敢欺负你

8. 下列句子中画线的部分不是主语的是（　　）。

　　A. 对这件事我不关心　　B. 这件事我不关心

　　C. 我对这件事不关心　　D. 我不关心这件事

五、举例说明你的母语或者熟悉的外语中动语和宾语的语法特征。

第三节　动语和宾语

动语和宾语之间是支配、关涉和被支配、被关涉的关系。动语由动词性成分充当，位于宾语之前，用以支配、关涉后面的宾语；宾语位于动语之后，是受动语支配、关涉的对象。

一、动语的结构类型

做动语的动词性成分，可以是单个动词、动词重叠式，也可以是动词性短语。

（一）动词做动语

① 他是中国人。

② 那个女孩叫李梅。

③ 我喜欢打篮球。

④ 楼上下来一个人。

⑤ 床上躺着一个人。

⑥ 他吃了饭了。

动语或动语中心语一般是及物动词，但也可以是不及物动词，如例④和例⑤中"下来"和"躺"都是不及物动词，后面也可以加宾语。动词做动语，可以单独出现，后面加宾语，如例①～④；也可以附加动态助词，再在后面加宾语，如例⑤和例⑥。

（二）动词重叠式做动语

⑦ 咱们一会儿逛逛街。

⑧ 他擦了擦眼镜。

⑨ 你打听打听有什么新情况。

⑩ 我们研究研究接下来该怎么办。

（三）动词性短语做动语

1. 联合短语做动语

⑪ 你去不去图书馆？

⑫ 家人一直在支持和鼓励我。

⑬ 会议讨论并通过了这项决定。

2. 状中短语做动语

⑭ 他不喜欢嘈杂的环境。

⑮ 哥哥最受不了别人夸他。

⑯ 小张非常想回家。

3. 中补短语做动语

⑰ 房间里跑出来一个小妹妹。

⑱ 他记住了所有的信息。

⑲ 我看不清楚黑板上的字。

（四）兼类词做动语

形容词、名词等是不能带宾语的，如"多、少、满足"等兼属于动词和形容词，"研究、领导"等兼属于动词和名词，如果其后带有宾语，则属于动词。例如：

⑳ 书架上多了一本书。

㉑ 教室里少了一个人。

㉒ 这台电脑满足了他的需要。

㉓ 这位老师研究语法。

㉔ 哥哥领导村民走上了致富路。

二、宾语的结构类型

体词性成分、谓词性成分，以及主谓短语、介宾短语等其他成分都可以做宾语。

（一）体词性成分做宾语

最常见的宾语是体词性成分。例如：

① 他是坏蛋。　　　　　　　（名词）

② 老师给了她一本书。[1]　　（代词、定中短语）

③ 我要买三斤。　　　　　　（数量短语）

④ 他是卖菜的。　　　　　　（"的"字短语）

⑤ 我很崇拜班长张强。　　　（同位短语）

⑥ 我爱爸爸和妈妈。　　　　（名词性联合短语）

⑦ 集合地点是小树林东边。　（方位短语）

（二）谓词性成分做宾语

谓词性成分也可以做宾语,其动语常常表示心理活动、感知、

---

［1］这里的"她"和"一本书"是两个宾语，含有双重宾语的句子叫"双宾语句"，我们将在第四章的第二节"双宾语句"中进行详细介绍。

开始、进行、结束、得失等意义。例如：

    1. 动词性宾语

    ⑧ 我们已经进行了讨论。　　　　（动词）

    ⑨ 他喜欢走走停停。　　　　　　（动词重叠式）

    ⑩ 他赢得了广泛的支持和鼓励。（动词性联合短语）

    ⑪ 我爱打篮球。　　　　　　　　（动宾短语）

    ⑫ 我发现少了一个人。　　　　　（动宾短语）

    ⑬ 这个问题值得仔细推敲。　　　（状中短语）

    ⑭ 我决定坚持下去。　　　　　　（中补短语）

    ⑮ 我同意出去散散步。　　　　　（连谓短语）

    ⑯ 他答应请小明吃饭。　　　　　（兼语短语）

    2. 形容词性成分做宾语

    ⑰ 大家保持安静。　　　　　　　（形容词）

    ⑱ 这里显得空空荡荡。　　　　　（形容词重叠式）

    ⑲ 我感到既紧张又兴奋。　　　（形容词性联合短语）

    ⑳ 他的解释显得很苍白。　　　　（状中短语）

    ㉑ 姐姐感觉开心极了。　　　　　（中补短语）

    （三）其他成分做宾语

    ㉒ 有人看见他走了。　　　　　　（主谓短语）

    ㉓ 她认为自己很胆小。　　　　　（主谓短语）

    ㉔ 我们上次见面是在 2018 年。　（介宾短语）

    ㉕ 他来中国是为了学习汉语。　　（介宾短语）

三、宾语的语义类型

    宾语和动语之间的语义关系是十分复杂的，并不是简单的"施事—受事"关系。根据宾语和动语之间的语义关系，可将宾语大致分为三类：受事宾语、施事宾语和中性宾语。

（一）受事宾语

受事宾语是动作行为支配、关涉的人或事物，是动作行为的承受者、接受者等。例如：

① 他吃了好几个苹果。

② 我们战胜了敌人。

③ 她们正在洗衣服。

（二）施事宾语

施事宾语是动作行为的发出者、执行者等。施事宾语一般表示不定指的人或事物，往往由含有数量的定中短语充当。例如：

④ 家里来了几位客人。

⑤ 天上飞过一只鸟。

⑥ 一锅饭吃十个人。[1]

（三）中性宾语[2]

除了表受事、施事的宾语之外，有的宾语既不表示受事，也不表示施事，这种宾语叫作中性宾语。中性宾语可以根据语义类型做更详细的划分。

---

[1]施事宾语常出现在存现句中，如这组例子中的例④和例⑤，但施事宾语并非只出现于存现句中，如本组句子中的例⑥。例④和例⑤中的"几位客人""一只鸟"，一般被认为是施事主语，如黄伯荣和廖序东主编的《现代汉语》、邢福义和汪国胜主编的《现代汉语》、李德津和金德厚所著的《汉语语法教学》、齐沪扬主编的《对外汉语教学语法》等；但也有些研究认为表示"主体"，如沈阳和郭锐主编的《现代汉语》；有些研究认为属于"存现宾语"，如张志公所著的《汉语语法常识》、朱德熙所著的《语法讲义》等。我们将例④和例⑤中的"几位客人""一只鸟"这种宾语，与存在句的宾语分别划分为"施事宾语"与"存在宾语"，是因为上述例句中"客人"和"鸟"等也是动作行为的发出者，与"施事宾语"容易产生交叉。

[2]很多语言中，表示时间、处所、工具、材料、方式、与事、原因、目的等的名词性成分，在进入句子时需要加上相应的介词。

1. 时间宾语

⑦ 今年我在北京过中秋节。

⑧ 让我们一起欢度元宵。

⑨ 希望他能熬过冬天。

2. 处所宾语

⑩ 下午我们去逛商场。

⑪ 我想去北京。

⑫ 来！你站前面。

3. 与事宾语

⑬ 王莉送了姐姐一件礼物。

⑭ 我欠他一个人情。

⑮ 他借了图书馆十本书。

4. 工具宾语

⑯ 我要写毛笔。

⑰ 我们昨天吃小碗，今天吃大碗。

⑱ 把这个包裹捆上绳子。

5. 材料宾语

⑲ 那个地方需要画绿色颜料。

⑳ 夏天最好要涂点儿防晒霜。

㉑ 这件毛衣我要织细线。

6. 方式宾语

㉒ 你能唱美声吗？

㉓ 这笔钱最好存活期。

㉔ 这件衣服寄特快件。

7. 目的宾语

㉕ 我们正在谈合作。

㉖ 他弟弟明年考大学。

㉗ 李先生跑到云南躲清净去了。

8. 原因宾语

㉘ 我们都在屋檐下躲雨。

㉙ 妈妈担心爸爸不会做饭。

㉚ 爷爷经常愁自己的身体不好。

9. 结果宾语

㉛ 妈妈给我织了一件毛衣。

㉜ 小明家今年要盖新房子。

㉝ 他在院子里挖了个水池。

10. 类别宾语

㉞ 他是学生，我是老师。

㉟ 鲁迅是著名的文学家。

㊱ 他终于当上了演员。

11. 存在宾语

㊲ 这里有两个人。

㊳ 别墅后面是一片竹林。

㊴ 桌上放着两本书。

12. 数量宾语 [1]

㊵ 我只借了一本。

---

［1］与施事宾语、受事宾语等从语义角色的角度命名的宾语不同，数量宾语是从结构的角度来命名的。如果从语义角色的角度来看，则数量宾语应属于受事宾语，是受事宾语中结构比较特殊的一类。

㊶ 张三昨天只看了三页。

㊷ 复印三份。

13. 致使宾语 [1]

㊸ 大家要端正学习态度。

㊹ 他们活跃了气氛。

㊺ 这种做法繁荣了市场。

思考与练习三

一、指出下列句中的动语、宾语及其构成成分。

1. 我打算去北京旅游。

2. 我的同屋去了一趟超市。

3. 他突然感到很孤单。

4. 天下没有不散的宴席。

5. 我希望请他来做客。

6. 他们学好用好了自己的母语。

7. 他习惯一个人待着。

8. 教育成功的原因在于尊重学生。

9. 我以为特别容易。

10. 马路上走过来一群人。

二、指出下列句子中宾语的语义类型。

1. 他是一位优秀的歌手。　　　　　　　　　　（　　）

2. 我买两斤。　　　　　　　　　　　　　　　（　　）

---

[1] "致使宾语"是从动语的功能角度来命名的，致使宾语的动语能够使宾语发生变化，可见，致使宾语的命名依据与上述宾语的命名依据均有所不同。

3. 他总是以这种方式愉悦心情。　　　　（　　　）

4. 他们正在盖房子。　　　　　　　　　（　　　）

5. 姐姐织毛衣，喜欢用细线。　　　　　（　　　）

6. 她给我三个苹果。　　　　　　　　　（　　　）

7. 那个包裹我寄了特快专递。　　　　　（　　　）

8. 楼上下来了三个人。　　　　　　　　（　　　）

9. 他们已经出了校门。　　　　　　　　（　　　）

10. 张大夫正在给患者看病。　　　　　　（　　　）

11. 杰克和中国朋友一起过春节。　　　　（　　　）

12. 原来他在这里躲清净呢。　　　　　　（　　　）

三、选择正确的答案填空。

1. 下列句子中，属于谓词性宾语的是（　　）。

　　A. 教室里坐满了人　　　　　B. 他喜欢饭后走走

　　C. 用电脑看武打片　　　　　D. 我见到了那位球星

2. 下列词语做动语时，后面一般不能带谓词性宾语的是（　　）。

　　A. 打算　　　B. 喜欢　　　C. 买　　　D. 同意

3. 动语和宾语之间的关系是（　　）。

　　A. 陈述和被陈述　　　　　B. 支配和被支配

　　C. 解释和被解释　　　　　D. 修饰和被修饰

4. 下列句子中与其他句子宾语不同的一项是（　　）。

　　A. 他去割麦子了　　　　　B. 你不能痛打落水狗啊

　　C. 他们正在谈合作　　　　D. 他还没吃饭

5. 他给予我们（　　）。

　　A. 很多书　　　　　　　　B. 许多经验

　　C. 无私的帮助　　　　　　D. 难忘的亲情

6. 下列句子中动宾搭配不合理的一项是（　　）。

　　A. 我打算回家看看　　　　　　B. 他去超市买菜了

　　C. 我们就这个问题进行了会议　　D. 知识能满足人的精神需求

7. 下列句子中含有施事宾语的是（　　）。

　　A. 家里来了一位客人　　　　　　B. 她脸上露出了满意的笑容

　　C. 这笔钱我要存活期　　　　　　D. 她去看病了

8. 下列句子中含有结果宾语的是（　　）。

　　A. 我以为他不来了　　　　　　　B. 她见到了一颗巨大的珍珠

　　C. 他特别像一个孩子　　　　　　D. 学校门口建了一个地下通道

四、判断下列说法的正误。

1. 谓词性成分一般不能做宾语。　　　　　　　　　　（　　）

2. "我打算出去走走"中没有动宾短语。　　　　　　　（　　）

3. "天上飞过一只鸟"中，宾语是施事宾语。　　　　　（　　）

4. "吃大碗"中"大碗"属于方式宾语。　　　　　　　（　　）

5. 动语必须是及物动词，不及物动词不能带宾语。　　（　　）

6. "我希望他能够成功"的宾语是主谓短语。　　　　　（　　）

7. "请您管管这个孩子"中只有一对动宾结构。　　　　（　　）

8. "我想去北京看看"中"去北京"是动宾短语。　　　（　　）

五、将下列词语组合成句子。

1. 山上　一位　老人　走　白发苍苍　下来　的

2. 在　超市　他　了　一盒　巧克力　买　包装精美　的

3. 熬过　冬天　他　了　寒冷的　终于　这个

4. 门口　的　石头狮子　故宫　有　两个

5. 张三　全聚德　和　吃烤鸭　朋友们　在　呢

6. 打算　他　北京　去　首都　明天

六、举例说明你的母语或者熟悉的外语中动语和宾语的语法特征。

第四节　定　语

定语是修饰主语中心语或宾语中心语的句子成分。例如：

① 草原上的牧民在悠闲地歌唱。

② 他哥哥是一位著名的钢琴家。

③ 我今天买了很多新鲜的水果。

④ 画上是一匹奔跑的骏马。

一、定语的结构类型

定语可以由体词性成分、形容词性成分、动词性成分等语法成分充当。

（一）体词性成分做定语

1. 体词做定语

① 人的认识总是有限的。　　　　（名词）

② 中国人民非常友好。　　　　　（名词）

③ 我父亲是公司职员。　　　　　（人称代词）

④ 我的名字是爷爷起的。　　　　（人称代词）

⑤ 这衣服不好看。　　　　　　　（指示代词）

⑥ 这里的风景很美。　　　　　　（指示代词）

⑦ 这是什么书？　　　　　　　　（疑问代词）

⑧ 这是谁的书？　　　　　　　　（疑问代词）

2. 体词重叠式做定语

⑨ 个个孩子都很听话。

⑩ 件件产品都合格。

3. 体词性短语做定语

（1）数量短语做定语

⑪ 他借给我一本书。

⑫ 哪件衣服都很得体。

⑬ 那两趟的路费，已经报销了。

（2）定中短语做定语

⑭ 大红旗袍的花纹更好看一些。

⑮ 这就是流行音乐的魅力。

⑯ 这体现了中华民族的奋斗精神。

（3）联合短语做定语

⑰ 屋里屋外的气温都很低。

⑱ 南方和北方的风俗差别很大。

⑲ 我们班有来自亚洲、欧洲和非洲的留学生。

（4）同位短语做定语

⑳ 你们大家的意见都很重要。

㉑ 我们几个人的午餐还没着落。

㉒ 首都北京的夜景很美。

（二）形容词性成分做定语

1. 形容词做定语

㉓ 张老师真是个好人。　　　　　（性质形容词）

㉔ 我很喜欢那件雪白的外套。　（状态形容词）

非谓形容词也称为区别词，虽然不能直接做谓语，但可以做定语，修饰名词性中心语时一般不需要加"的"。例如：

金银项链　　国有、私有财产　　正式、非正式会议

男女演员　　有期、无期徒刑　　大型、中型、小型飞机[1]

2. 形容词重叠式做定语

㉕ 那个高高的男孩就是我弟弟。

㉖ 他有双大大的眼睛。

3. 形容词性短语做定语

（1）联合短语做定语

㉗ 她们都是热情开朗的姑娘。

㉘ 这是一个古老而现代的国度。

㉙ 他是一位既博学又和善的老师。

（2）状中短语做定语

㉚ 海边有一座非常漂亮的房子。

㉛ 刚收到的那个包裹是妈妈寄来的。

㉜ 这是最好的方案。

（3）中补短语做定语

㉝ 熟透了的葡萄才好吃。

㉞ 他是一位红得发紫的歌手。

㉟ 我想租一套离公司近一些的房子。

（三）动词性成分做定语

1. 动词做定语

㊱ 跑步的那位同学就是我们班长。

㊲ 我的室友非常喜欢吃烧茄子。

㊳ 我们必须马上找到解决方案。

[1] 主语、谓语、宾语、定语、状语和补语等句子成分都是相对于句子而言的。为了简洁，这组例子删去了句中与定语和中心语无关的成分，本书后文也有类似的情况，特此说明。

2. 动词重叠式做定语

㊴ 那个蹦蹦跳跳的孩子很可爱。

㊵ 那个打打杀杀的年代早就过去了。

3. 动词性短语做定语

（1）动词联合短语做定语

㊶ 去不去的问题需要你来回答。

㊷ 他面临着深造或就业的选择。

㊸ 每个人都要经历出生、成长、死亡的过程。

（2）动宾短语做定语

㊹ 送书的人在办公室等你。

㊺ 欠银行的贷款已经还完了。

㊻ 提高汉语水平的方法有很多。

（3）状中短语做定语

㊼ 这是一项正在执行的计划。

㊽ 恭喜所有顺利毕业的同学们。

㊾ 这是一台高速运转的机器。

（4）中补短语做定语

㊿ 洗干净的衣服应该收起来。

(51) 他有一些改不掉的毛病。

(52) 爷爷有一支用了几十年的钢笔。

（5）连谓短语做定语

(53) 去北京旅游的朋友们还没回来。

(54) 他碰到了一个去商店买东西的邻居。

(55) 我看到了一个哭着向外跑的孩子。

（6）兼语短语做定语

(56) 请我们来的朋友自己却迟到了。

(57) 让你读的部分是第二段。

(58) 让你离开的命令是领导下的。

（四）主谓短语做定语

(59) 你说的道理我都明白。

(60) 头脑清醒的人善于分析问题。

(61) 21 世纪是科技迅猛发展的时代。

（五）介宾短语做定语

(62) 朝南的窗户采光好。

(63) 在教室的两位同学都听见了。

二、定语的语义类型

根据定语和中心语的语义关系，定语可分为限制性定语和描写性定语两大类。

（一）限制性定语

限制性定语是对中心语所指的事物范围加以限制，从数量、指示、领属、时间、处所、来源、用途、属性、质地等方面区别事物，从而达到给事物分类的目的。定语越多，事物的范围就越小。例如：

① 屋里跑出来一个人。（数量）

② 这书包是我弟弟的。（指示、领属）

③ 那是凌晨四点的北京。（时间）

④ 门口的便利店关门了。（处所）

⑤ 那是从朋友那里借来的书。（来源）

⑥ 这是供孩子上课的平板电脑。　　　　（用途）

⑦ 这是野生蘑菇。　　　　　　　　　　（属性）

⑧ 木头桌子一般不会坏。　　　　　　　（质地）

（二）描写性定语

描写性定语主要用于对主语或宾语中心语加以描绘和形容，突出人或事物性状、声音等方面的特征。例如：

⑨ 前面走来了一位美丽的姑娘。　　　　（性状）[1]

⑩ 这里是雪白的世界。　　　　　　　　（性状）

⑪ 远处是绿油油的麦田。　　　　　　　（性状）

⑫ 我喜欢干干净净的房间。　　　　　　（性状）

⑬ 那里有连绵不断的山脉。　　　　　　（性状）

⑭ 他听到了哗啦哗啦的流水声。　　　　（声音）

三、定语标记"的"的有无

定语与中心语之间，有的必须加"的"，有的不用加，有的则可加可不加。是否加"的"与定语的词类有关，也与定语或中心语的音节个数有关。[2]

（一）名词做定语

1. 单音节名词做定语，一般要加"的"。例如：

---

[1]本句中"美丽"这种性质形容词做定语的情况，或认为属于限制性定语，如黄伯荣和廖序东主编的《现代汉语》；或认为属于描写性定语，如施春宏所著的《汉语纲要（下册）》。为了与前文描写性谓语及描写句的表述保持一致，我们将其划属于描写性定语。按照这个标准，描写性定语多由形容词性成分或拟声词等充当。

[2]这里只考虑能够独立使用的短语中"的"的有无，语流中"的"的有无情况不在本书讨论的范围之内。

① 水的温度正好。

② 花的味道很香。

③ 狗的嗅觉很灵敏。

2. 双音节名词做定语表示领属、时间、处所等，一般要加"的"。例如：

④ 老师的办公室在楼上。　　　　　　（领属）

⑤ 以前的事情我都忘记了。　　　　　（时间）

⑥ 门口的便利店关门了。　　　　　　（处所）

但是，当名词定语表示中心语的属性或内容时，可以不加"的"，直接修饰中心语。例如：

⑦ 这个是木头桌子。

⑧ 我是中国人。

⑨ 这是本语法书。

（二）代词做定语

1. 人称代词做定语

定语表示领属关系，一般要加"的"。例如：

我的书　　　　大家的建议　　　　他的想法

如果中心语是亲属称谓或者是所属单位，可以不加"的"。例如：

他（的）朋友　　　我（的）妈妈

我（的）学校　　　我们（的）国家

如果亲属称谓或所属单位是单音节词语，定语也是单音节的，一般不加"的"。例如：

我哥　　咱妈　　你爷　　他舅

我国　　他国　　我校　　咱村

2. 指示代词做定语

"这""那"做定语，一般不加"的"。例如：

⑩ 这孩子真不让人省心。

⑪ 那屋子已经好久没人住了。

"这儿""那儿""这里""那里""这样""那样"等做定语，一般要加"的"。例如：

⑫ 这儿的风景真美。

⑬ 那里的小吃很有名。

⑭ 这样的事情我不是没见过。

（三）形容词做定语

1. 单音节形容词做定语，一般不加"的"。例如：

红花　　好主意　　新衣服　　好朋友

绿叶　　坏孩子　　大苹果　　傻丫头

单音节形容词做定语时，如果用"很"修饰，一般要加"的"。例如：

*很高楼　　*很好朋友　　*很新房间

很高的楼　　很好的朋友　　很新的房间

单音节形容词重叠式做定语，一般要加"的"。例如：

大大的眼睛　　高高的个子　　长长的头发

2. 双音节形容词做定语，一般要加"的"。例如：

火红的日子　　快乐的孩子　　晴朗的天空

金黄的麦田　　灿烂的笑容　　干净的房间

双音节形容词连用修饰名词时，靠近名词的形容词后边要加"的"，两个连用的双音节形容词中间还可以用"而""又"等连接。例如：

勤劳勇敢的人民　　宽敞明亮的教室　　清澈透明的湖水

勤劳而勇敢的人民　宽敞而明亮的教室　清澈又透明的湖水

（2）非谓形容词（区别词）做定语，一般不加"的"。例如：

大型/小型飞机　金/银项链　有期/无期徒刑

国有/私有财产　男/女演员　正式/非正式会谈

（四）动词做定语

1. 动词做定语，一般要加"的"，避免与动宾短语混淆。例如：

吃的饭　洗的衣服　制作的短片　编写的故事

但是，如果动词做定语在具体的语境中不会产生歧义，则可以不加"的"。例如：

学习文件　参考文献　研究内容

⑮ 这是我们的学习文件。

⑯ 我们正在学习文件呢。

2. 有些动词的后面可以不加"的"，直接修饰名词做定语，合起来组成事物的名称。例如：

烤地瓜　感谢信　烧茄子　炒饭　压缩饼干

（五）短语做定语

短语做定语，一般要加"的"。例如：

声音洪亮的歌唱家　　　　　　（主谓短语）

我妈妈的围巾　　　　　　　　（定中短语）

很漂亮的姑娘　　　　　　　　（状中短语）

哭得可怜的孩子　　　　　　　（中补短语）

西湖边的亭子　　　　　　　　（方位短语）

但是，量词短语做定语，一般不加"的"[1]。例如：

三斤西瓜　一部电视剧　这个孩子　哪本书

四、定语标志"的"存在与否的区别

定语和中心语之间是否加"的"，有时候会影响整个结构的性质和意义。

（一）名词定语和中心语之间"的"的有无

1. 不加"的"，则表示性质、属性；加"的"，则表示领属关系。例如：

孩子脾气→孩子的脾气　　英雄母亲→英雄的母亲

2. 不加"的"，则整个短语结合得更紧密；加"的"，则定语的修饰义更强。例如：

木头房子→木头的房子　　历史事实→历史的事实

3. "的"字有区分"名词＋名词"的结构属性的作用。不加"的"，则"名词＋名词"结构是联合短语；加"的"，则"名词＋名词"结构是定中短语。同类事物中前一事物做后一事物的定语时，需要加"的"。例如：

爸爸妈妈→爸爸的妈妈　　文学历史→文学的历史

---

[1] 下列情况可在数量短语和名词之间加"的"。

（1）"一"和某些借用量词构成的数量短语修饰名词时，量词的后边可以加"的"。例如：

一身的汗　一车的菜　一肚子的气　一箱子的书　一屋子的学生

（2）数量短语重叠表示很多时，量词的后边可以加"的"。例如：

一件件的衣服　一盘一盘的水果　一个又一个的胜利

（3）量词和它所修饰的中心语不能搭配时，量词的后边需要加"的"。例如：

五套的钱　一场的时间　一脸的不高兴　一斤的塑料瓶

（二）代词定语和中心语之间"的"的有无

代词做定语，如果不加"的"，定语和中心语会结合得非常紧密；如果加"的"，代词的修饰性就增强了。例如：

我们学校→我们的学校　　我哥哥→我的哥哥

（三）形容词定语和中心语之间"的"的有无

单音节形容词定语后面可以加上"的"形成平行格式，加上"的"之后，定语的修饰性增强，具有强调意味。例如：

① 红的花，绿的叶。

② 小的苹果给我，大的给弟弟。

③ 好的机遇能改变整个人生。

五、定语的排序

主语或宾语中心语的前面有时不止一个定语，两个或两个以上的定语叫作多层定语。多层定语的排列次序比较复杂，从距离中心语的最远的外层算起，定语一般按如下顺序排列：表示领属（"谁的"）→表示时间、处所（"什么时候""什么地方"）→表示近指远指或数量（"哪儿""多少"）→表示性状或情态（"怎么样的""什么样的"）→表示材料、质地、类型等（"什么"）。例如：

① 姐姐在找（她）（衣柜里）（那件）（带花边的）（蓝色）（呢子）大衣。

② （我们国家）（九十年代）（一位）（具有划时代意义的）（著名）（创作型）歌手要来我们学校演出了。

多层定语的次序主要是根据逻辑关系来排列的，离中心语最近的定语与中心语的关系最为密切。但是，量词短语则具有较大的灵活性。例如：

③ 两个　朋友送的　红　苹果

④ 朋友送的　两个　红　苹果

⑤ 两位　朋友送的　红　苹果

定语位置不同，短语的意义也就不同，数量短语运用时，要规避产生歧义。上面例句中例③有歧义，"两个"可以修饰"苹果"，也可以修饰"朋友"。这种情况下，要调整语序，或者选用适当的量词。比如，可以采用移位法，将例③变换为例④；或采用替换法，将例③变换为例⑤。

思考与练习四

一、指出下列句子中定语的构成成分与语义类型。

1. 火红的太阳升起来了。

2. 我想买那件纯白色的衬衫。

3. 妈妈不喜欢花里胡哨的衣服。

4. 我时刻谨记父亲和母亲的叮嘱。

5. 他是我们最尊敬的老师。

6. 请我来这里的人是她。

7. 他们两个人的房间很乱。

8. 科技发展的速度太快了。

9. 这是一种平平淡淡、觉察不到的幸福。

10. 他早就做出了学习汉语的决定。

11. 我们听见了一阵噼里啪啦的声音。

12. 我的父母都是老实巴交的农民。

13. 花园里的花儿都开了。

14. 出门旅行的心情简直太好了。

15. 轰隆隆的雷声把孩子吓坏了。

二、判断下列句子的正误，并改正错句。

1. 一眼望去，到处都是绿油油麦苗。

2. 我喜欢这个很干干净净的房间。

3. 这间房子属于那个的人。

4. 我想去看看首都北京的夜景。

5. 我刚接到一个叔叔打来电话。

6. 他在接一个美国朋友的电话。

7. 举行的在上海昨天会议很成功。

8. 非常热心路人帮助了我们。

9. 这间宿舍住着两个热爱学习的好的学生。

10. 那个男孩儿是我的哥。

11. 父亲母亲是祖母。

12. 他是一位台湾当红男的明星。

13. 我遇见一个善良而热心室友。

14. 靠天吃饭农民最怕水灾和旱灾。

15. 三十多年前事情大家都不记得了。

三、选择正确的答案填空。

1. 想到自己（　　）的那些话，他有点儿不好意思。

　　A. 曾经　　　B. 刚才　　　C. 刚刚　　　D. 已经

2. 这件衣服（　　）用了五十元。

　　A. 恰好的　　B. 总共的　　C. 恰好　　　D. 总共

3. 这个男生是（　　）哥。

　　A. 小明的　　B. 我的　　　C. 我　　　　D. 张丹和张冰

4. 我想要（　　）苹果。

　　A. 又大又圆一个红　　　　B. 一个又大又圆的红

C. 红的又大又圆的一个　　　　D. 一个红的又大又圆的

5. 我刚在路上碰到一个（　　）同学。

　　A. 要去超市买菜的　　　　　B. 要买菜去超市的

　　C. 要去超市买菜　　　　　　D. 要买菜去超市

6. 下列不能做定语的是（　　）。

　　A. 副词＋动词　　　　　　　B. 形容词重叠式

　　C. 主谓短语　　　　　　　　D. 副词

7. 做定语时必须加"的"的是（　　）。

　　A. 单音节代词　　　　　　　B. 单音节形容词

　　C. 数量短语　　　　　　　　D. 形容词重叠式

8. 下列短语错误的是（　　）。

　　A. 红扑扑的脸　　　　　　　B. 东北生产的大米

　　C. 我哥哥　　　　　　　　　D. 非常漂亮姑娘

四、将下列词语组合成句子。

1. 买 的 从 日本 来 他 有 一件 新 衣服

2. 一本 从 这是 图书馆 的 关于 借来 的 书 经济发展

3. 石狮子 公园 门口 两个 有 的 城北

4. 很 吃 想 桌子 的 上 他 红 苹果 那个

5. 吃过 他 那段 时间 没有 饱 饭 一顿

6. 都 热爱 人 一般 身体 运动 很好 的

7. 花瓶 送 朋友 两个 被 都 打碎 我 了 的

8. 接待 我 一位 回来 昨天 朋友 了 从大连 的

五、举例说明你的母语或者熟悉的外语中定语的语法特征，或谈谈与汉语定语相对应的表达方式。

第五节　状　语

状语是位于谓语中心语之前的修饰限定性成分。例如：

① 快走！

② 你赶紧弄明白。

③ 大家认真思考思考！

④ 他偷偷地溜出了教室。

⑤ 张老师沉默地坐在那里。

一、状语的位置

状语一般是放在主语之后、被修饰的谓语中心语之前。例如：

① 他明天要去北京出差。

② 我们在图书馆学习。

但是，表示时间、处所、条件、范围、情态、语气、关涉对象等的状语有时也可以出现在主语的前面，形成"句首状语"，也称为"前置状语"。例如：

③ 傍晚，空气中透出阵阵凉意。　　　　（时间）

④ 在康河的柔波里，我甘愿做一条水草。（处所）

⑤ 在他的无私帮助下，我渡过了难关。　（条件）

⑥ 任何环境中，他都能发现美。　　　　（范围）

⑦ 忽然，草丛里跳出来个人。　　　　　（情态）

⑧ 当然，我喜欢这个傻孩子。　　　　　（语气）

⑨ 关于这个问题[1]，我没有什么好说的。（关涉对象）

另外，有时状语还可以放在句子后面，形成"句末状语"，也称为"后置状语"。这种状语与前面的成分之间有较大的

---

[1] 含有"关于"的介宾短语做状语，一般放在句首。

语音停顿，书面上一般用逗号隔开。例如：

⑩ 我会真心地爱你，永远！

⑪ 我要写下我的悔恨和悲哀，为子君，为自己。

⑫ 我一定要努力，为了父母，也为了所有关心我的人。

"句首状语"与"句末状语"一般具有特殊的作用，有的为了强调状语，有的因状语较长，放在句首或句末可以使句子结构紧密，便于理解。

二、状语的结构类型

状语主要由副词性成分、形容词性成分或介宾短语充当。某些名词性成分、动词性成分、主谓短语、介宾短语、拟声词或成语等也可以做状语。

（一）副词性成分做状语

1. 副词做状语

① 我很开心。

② 这件衣服真漂亮。

③ 你难道相信他说的话吗？

④ 他不听我的劝告。

2. 副词重叠式做状语

⑤ 今天天气特别特别冷。

⑥ 这是我最最喜欢的一个人。

⑦ 你一定一定要记住。

⑧ 张先生离开这里足足有十年了。

（二）形容词性成分做状语

1. 形容词做状语

⑨ 这件东西要轻拿轻放。

⑩ 小明在认真听讲。

⑪ 他积极地参与了这项活动。

2. 形容词重叠式做状语

⑫ 他轻轻地走了进来。

⑬ 他重重地拍了拍桌子。

⑭ 月亮高高地挂在天上。

3. 状中短语做状语

⑮ 她非常优雅地走了进来。

⑯ 他特别愤怒地离开了。

⑰ 他十分兴奋地告诉了我比赛的结果。

4. 联合短语做状语

⑱ 李伯伯安静祥和地坐在那里。

⑲ 他生动风趣地讲完了这个故事。

⑳ 小张坚定而从容地走了出去。

（三）体词性成分做状语

㉑ 他明天去上海。　　　　　　　　（时间名词）

㉒ 咱们外面谈吧。　　　　　　　　（方位名词）

㉓ 我一次也没去过。　　　　　　　（数量短语）

（四）动词性成分做状语

㉔ 他们已经有秩序地进入了教室。　（动宾短语）

㉕ 他不停地擦拭着地板上的污渍。　（状中短语）

㉖ 我们正在有目的有计划地开展研究。（联合短语）

（五）主谓短语做状语

㉗ 他面色平静地站了起来。

㉘ 医生表情严肃地交代了病情。

㉙ 她身姿优雅地跳着舞。

（六）介宾短语做状语

㉚ 他往桌子上放了一本书。

㉛ 我替他买了午饭。

㉜ 他对这个问题有很多独特的见解。

（七）拟声词做状语

㉝ 河水哗啦啦地流着。

㉞ 雨滴答滴答地下个不停。

㉟ 他哈哈大笑起来。

（八）成语做状语

㊱ 我全心全意地爱你。

㊲ 张三不知所措地站在那里。

㊳ 同学们正在聚精会神地听课。

三、状语的语义类型

根据状语和中心语之间的意义关系，状语可分为限制性状语和描写性状语两类。

（一）限制性状语

限制性状语一般是从条件、时间、处所、数量、方式、目的、范围、程度、对象、语气、确定性等方面对谓语中心语加以限制。例如：

① 他在生病的情况下仍然参加了比赛。　　（条件）

② 我们明天早上见。　　　　　　　　　　（时间）

③ 我在宿舍门口等你。　　　　　　　　　（处所）

④ 北京我一次都没去过。　　　　　　　　（数量）

⑤ 他用特快寄了一个包裹。　　　　　　　（方式）

⑥ 玛丽为了学习汉语来到了中国。　　　　（目的）

⑦ 书包里只有一本书。　　　　　　　　　（范围）

⑧ 那个女孩很漂亮。　　　　　　　　　　（程度）

⑨ 我已经向他道歉了。　　　　　　　　　（对象）

⑩ 你难道不知道吗?　　　　　　　　　　（语气）

⑪ 他一定知道了这个秘密。　　　　　　　（肯定）

⑫ 他这件衣服不好看。　　　　　　　　　（否定）

（二）描写性状语

描写性状语主要用以对谓语中心语加以描绘和形容，突出动作行为的情态或声音等方面的特征。例如：

⑬ 他热情地招待了我们。　　　　　　　　（情态）

⑭ 张明轻轻地敲了敲门。　　　　　　　　（情态）

⑮ 那个孩子飞快地跑回了家。　　　　　　（情态）

⑯ 他激情澎湃地完成了这次演讲。　　　　（情态）

⑰ 他叽里呱啦地说了半天。　　　　　　　（声音）

四、状语的语义指向

从语义指向上来说，状语并不一定都指向谓语中心语，有时也可以指向主语中心语或宾语中心语等。

有些状语，语义指向谓语中心语，即描写动作行为的情态。例如：

① 他轻轻地关上了门。

② 老人在路上慢吞吞地走着。

有些状语，语义指向主语中心语或宾语中心语等，即描写动词性成分涉及的人物或事物的情态。例如：

③ **小李**高兴地跑了进来。

④ 他工工整整地写了四个大字。

"高兴"指向主语"小李",状语指向动作行为的发出者；"工工整整"指向宾语"四个大字",状语指向动作行为的结果。

五、助词"地"的有无

结构助词"地"是状语的标志,但并不是所有的状语后都加"地"。有些状语后面要加"地",有些状语后不用加"地",有些状语后加不加"地"都可以。是否加"地",与状语的语法属性有关,也与状语和中心语的音节数有关。

（一）副词做状语

1. 单音节副词做状语

单音节副词做状语,一般不加"地"。例如：

① 这件衣服真漂亮。

② 那个男生太高了。

③ 他刚来,却又走了。

类似的副词还有"还、别、竟、再、很、极、最、挺、更、越、稍、都、总、全、共、只、单、仍、净、光、常、没、不、就"等。

2. 双音节副词做状语

双音节副词做状语,一般不加"地"。例如：

④ 他仍然站在原地,一动不动。

⑤ 张先生的确很健康。

⑥ 他马上就到。

⑦ 大概就是这个意思。

有些表示情状、程度的副词做状语,可以加"地",也可以不加。例如：

⑧ 客人们陆续（地）走了进来。

⑨ 他悄悄（地）跟在了老师后面。

⑩ 今天天气格外（地）好。

（二）形容词性成分做状语

1. 单音节形容词做状语

单音节形容词做状语，一般不加"地"。例如：

⑪ 您老慢走，我不送了。

⑫ 这是易碎品，要轻拿轻放。

单音节形容词重叠式做状语，加不加"地"都可以，但加上"地"之后，则更加突显动作行为的情态特征。例如：

⑬ 他将书轻轻（地）放下了。

⑭ 我们要好好（地）学习。

2. 双音节形容词做状语

经常做状语的双音节形容词之后，可以加"地"，也可以不加。加不加"地"并不影响句子的结构，加上"地"之后，则更加突显动作行为的情态特征。例如：

⑮ 他们正在热烈（地）讨论着。

⑯ 他仔细（地）翻看了所有笔记。

⑰ 我要认真（地）检查一下。

但是，有些双音节形容词做状语，必须加"地"。例如：

⑱ 小明高兴地跑了出去。

⑲ 姐姐激动地抱紧了妹妹。

⑳ 他愉快地接受了我的邀请。

㉑ 昨天他热情地与我们交谈了很久。

3. 形容词重叠式做状语

单音节形容词重叠式做状语，加不加"地"都可以，加上"地"之后，则更加突显动作行为的情态特征。例如：

㉒ 大家要好好（地）学习。

㉓ 他轻轻（地）拍了一下我的肩膀。

㉔ 咱们悄悄（地）进去。

双音节形容词重叠式做状语，一般要加"地"。例如：

㉕ 小李仔仔细细地介绍了事情的全过程。

㉖ 孩子们高高兴兴地在操场上奔跑着。

㉗ 让我们开开心心（地）玩几天。

4. 形容词性短语做状语

如果形容词前有修饰成分，组成状中短语之后做状语，一般要加"地"。例如：

㉘ 他们正在非常热烈地讨论着。

㉙ 他十分仔细地翻看了所有笔记。

㉚ 我要特别认真地检查一下。

双音节形容词连用做状语时，一般在后一个形容词的后面加"地"。例如：

㉛ 他们正在热情周到地为顾客服务。

㉜ 他的论文生动形象地说明了问题。

㉝ 双方亲切友好地交流了看法。

（三）名词性成分做状语

表示时间、处所的名词及方位短语做状语，一般都不加"地"。例如：

㉞ 我明天去西安旅行。

㉟ 我们图书馆见吧。

㊱ 大家屋里坐吧！

有些特殊名词进入某些特殊构式[1]中，临时具有了形容词的特点，这时一般要加"地"。例如：

㊲ 他很绅士地为我打开了车门。

㊳ 玛丽很中国地用起了筷子。

（四）动词性成分做状语

动词性成分做状语，一般要加"地"。[2]例如：

㊴ 他满怀信心地笑了笑。

㊵ 公司将有计划地进行改革。

㊶ 小张令人不解地说了那些话。

（五）主谓短语做状语

主谓短语做状语，一般要加"地"。例如：

㊷ 他面色平静地站了起来。

㊸ 医生表情严肃地交代了病情。

---

［1］这里的"构式"是指形式或功能不能从其组成成分或其他结构中推测出来的语法形式，或者某些出现频率足够高的语法形式。例如，汉语中有些名词在与"很"结合时，临时具备了形容词的功能，组成"很+名词"的构式。例㊲中的"很绅士"并非"很"和"绅士"的叠加，而是"很绅士"作为一个结合体而产生的新意，即产生了构式义。

［2］关于"能愿动词+普通动词"的结构，或认为是动宾关系，如北京大学中文系现代汉语教研室编纂的《现代汉语（增订本）》、沈阳和郭锐主编的《现代汉语》、施春宏所著的《汉语纲要（下册）》等；或认为是状中关系，如黄伯荣和廖序东主编的《现代汉语》等。因为动词性成分做状语一般需要加"地"，而能愿动词和普通动词之间一般不能加"地"，我们将其视为动宾关系。例如：①他自己能找到的。②我不会写这个字。③你要不要看看这封信。

㊹ 她姿态优雅地走了过来。

（六）数量短语做状语

数量短语做状语，一般不加"地"，但量词短语重叠时一般要加"地"。例如：

㊺ 这些内容，他一遍就听明白了。

㊻ 妈妈一遍遍地嘱咐我注意安全。

㊼ 话要一句一句（地）说。

（七）介宾短语做状语

介宾短语做状语，一般不加"地"。例如：

㊽ 他在教室里学习。

㊾ 他往南走了。

㊿ 你对小张说了什么？

六、状语的排序

句子中的状语可以层层叠加，构成多层状语，状语的排列虽然复杂，但也有一定的规律可循。从距离中心语最远的外层算起，状语一般按如下顺序排列：表示条件→表示时间→表示处所→表示语气、范围、否定、程度→表示情状→表示对象。例如：

① ［昨天］［在记者会上］大家［都］［亲切地］［同他］打招呼。

② 他［在身体不舒服的情况下］［仍然］［默默地］［为教育事业］奉献着。

七、定语和状语的分辨

独立的偏正短语一般要根据中心语的性质判断它属于定中短语还是状中短语。如果中心语是体词性的成分，则偏正短语属于定中短语；如果中心语是谓词性成分，则偏正短语属于状中短语。而在具体的句子中，则要根据这个偏正短语充当什么句子成分，来决定它的修饰语是定语还是状语。例如：

①他才七岁。

②这里就我一个人。

在这里，虽然"才""就"修饰的是体词性成分，但是这里的"副词＋名词性成分"在句子中做谓语，所以"才""就"是状语。与之相反，有时候中心语是动词性成分，但是这个动词性成分做了主语或宾语，其前的修饰成分则是定语。例如：

③大家都在等待你的到来。

④这本书的出版标志着这个学科的建立。

虽然以上加点词语所修饰的中心语是动词，但是从偏正短语的句法功能来看，"这本书的出版"在句子中做主语，"你的到来"和"这个学科的建立"在句子中做宾语，所以"你""这本书"和"这个学科"是定语。

"深入 DE[1] 研究"这类短语中，修饰语充当什么句子成分，要看整个偏正短语在句中充当什么成分。如果偏正短语在句中做主语或宾语，则修饰语是定语；如果偏正短语做谓语，则修饰语是状语。例如：

⑤深入的研究是成功的基石。　（定语）

⑥他正在深入地研究这个难题。（状语）

就修饰语而言，当修饰成分是人称代词、名词性成分，表示领属时，一般是定语。例如：

⑦这是我的毕业论文。

⑧小张的努力是有效果的。

---

[1]这里的"DE"是"的"还是"地"，取决于该短语做定语还是做状语。

思考与练习五

一、指出下列句子中状语的构成成分与语义类型。

1. 我们向他表示感谢。

2. 小鸟在树上叽叽喳喳地叫着。

3. 他耐心地说完了整个故事。

4. 我只完成了一项任务。

5. 我们今天下午出发。

6. 他轻轻地走了出去。

7. 您屋里坐。

8. 那个孩子不喜欢打篮球。

9. 你难道看不出来吗?

10. 学生们整整齐齐地站了一排。

11. 他在边工边读的情况下完成了学业。

12. 为了救落水的孩子,他奋不顾身地跳进了水里。

13. 那个姑娘很漂亮。

14. 那辆车非常缓慢地行驶着。

15. 他用通俗的方法演唱了这首民歌。

二、判断下列句子的正误,并改正错句。

1. 那位美女非常优雅走了进来。　　　　　　　（　　）

2. 请大家马上地去学校。　　　　　　　　　　（　　）

3. 你要不要和我一起地跑。　　　　　　　　　（　　）

4. 我们关于这个问题讨论了很久。　　　　　　（　　）

5. 昨天大家热情地招待了他。　　　　　　　　（　　）

6. 他突然地站了起来。　　　　　　　　　　　（　　）

7. 我不想再也看到这个人了。　　　　　　　　（　　）

8. 他常常过去往我家里跑。　　　　　　　　（　　）

9. 他一直在房间里没有出来。　　　　　　　　（　　）

10. 那个女孩儿很淑女走了进来。　　　　　　　（　　）

三、判断下列哪些括号内可以填上"地"。

1. 让他快（　　）回去吧！

2. 你要认真（　　）看看这本书。

3. 我今天要舒舒服服（　　）睡一觉。

4. 孩子们高高兴兴（　　）玩了起来。

5. 把手慢慢（　　）举起来。

6. 这是玻璃的，一定要轻（　　）放。

7. 我们已经顺利（　　）到达北京。

8. 弟弟痛快（　　）答应了。

9. 同学们都在努力（　　）学习汉语。

10. 妈妈生气（　　）批评了我一顿。

四、说出下列句子中状语的语义指向。

1. 他高兴地跑了进来。

2. 老师在黑板上圆圆地画了一个圈。

3. 大家正聚精会神地听老师讲课。

4. 客人刚刚搬走。

5. 她不好意思地笑了一下。

6. 他满头大汗地跑了进来。

7. 我明天回北京。

8. 他女朋友经常来找他。

9. 姐姐兴高采烈地告诉了我这个好消息。

10. 姐姐非常喜欢她现在的工作。

五、选择正确的答案填空。

1. 请您（　　）走。

A. 很慢　　　B. 慢　　　C. 慢地　　　D. 很慢地

2. 我（　　）在图书馆看过那本书。

A. 明天　　　B. 想　　　C. 认真　　　D. 昨天

3. 女孩儿（　　）走进了教室。

A. 高兴　　　B. 很高兴　C. 无精打采地　D. 无精打采

4. 张先生（　　）与我们交谈。

A. 亲切　　　B. 很亲切　C. 非常亲切　　D. 很亲切地

5. "昨天我在图书馆待了一天。"这句话中，（　　）。

A. 没有状语　　　　　　B. 状语是"在图书馆"

C. 状语是"昨天"　　　　D. 状语是"昨天"和"在图书馆"

6. 我想他（　　）去。

A. 不应该会　　　　　　B. 不会应该

C. 应该会不　　　　　　D. 应该不会

7. 下列成分做状语，必须加"地"的是（　　）。

A. 单音节形容词　　　　B. 双音节形容词

C. 单音节副词　　　　　D. 状中短语

8. "他很高兴地从外面走进了房间。"这句话中，状语的语义指向是（　　）。

A. "很高兴"指向"他"，"从外面"指向"走"

B. "很高兴"指向"他"，"从外面"指向"房间"

C. "很高兴""从外面"都指向"走"

D. "很高兴""从外面"都指向"他"

六、将下列词语组合成句子。

1. 说了　在　的时候　跟我　一个秘密　散步　昨天　他

2.好好 我们 语法 大家 知识 学习 应该

3.一只 出来 树林里 野兔 忽然 从 跑

4.他 似的 向前面 跑 疯了 去

5.休息室里 采访 在 许多 昨天 的 接受了 她 记者

6.首尔 是 来 从 坐飞机 金先生 的

7.他 毕业 工作 开始 公司 从 那家 一直 在

8.这个 花了 解决 一天 问题 他 为了 整整 时间

七、举例说明你的母语或者熟悉的外语中状语的语法特征，或谈谈与汉语状语相对应的表达方式。

第六节 补 语

补语位于谓语中心语之后，用来说明动作行为或性状的结果、情态、趋向、可能性、程度、数量等的补充说明性成分。例如：

① 衣服已经洗干净了。　　　　（结果补语）

② 衣服洗得很干净。　　　　　（情态补语）

③ 一位美女走了出来。　　　　（趋向补语）

④ 这些污渍洗得干净。　　　　（可能补语）

⑤ 他今天开心得很。　　　　　（程度补语）

⑥ 论文我已经修改五遍了。　　（数量补语）

一、结果补语

结果补语用以说明动作行为的结果。

（一）结果补语的构成成分

结果补语一般由形容词或动词充当。例如：

看错 学好 吓坏 吃饱 记清楚 洗干净

看见 看完 看到 看懂 学会 拿住 擦掉

战胜 打败 打走 打跑 踢飞 气哭 逗笑[1]

（二）结果补语的特点

1. 结果补语直接用在谓语中心语之后，中补结构之间没有结构助词"得"。例如：

① 这句话我听懂了。　　　（？这句话我听得懂了。）

② 今天论文我写完了。　　（？今天论文我写得完了。）

③ 衣服洗干净了。　　　　（？衣服洗得干净了。）[2]

2. 结果补语与动词结合得非常紧密，中间不能插入别的成分，动态助词"了""过"或者宾语等必须放在结果补语的后面。例如：

④ 我学会了织毛衣。　　　（＊我学了会织毛衣。

　　　　　　　　　　　　　　＊我学织毛衣会了。）

⑤ 他的话吓哭过那个女生。（＊他的话吓过哭那个女生。）

如果被补充说明的动词是离合词，结果补语也要放在离合词的中间。例如：

⑥ 咱们游完泳一起吃饭吧。

⑦ 我已经请好假了。

3. 结果补语的否定形式一般是在动词前加"没"或"没有"，表示没有实现；假设句中，也可以用"不"来表示否定。例如：

---

[1] 经常做结果补语的动词有：见、完、到、懂、会、住、走、掉、胜、败、跑、飞、哭、笑、死等。这里的"死"是表示实在意义的，与"我饿死了"中表示程度的"死"不同。

[2] 本书中，在例句前加"？"表示该句接受度有一定的问题。"这句话我听得懂""今天论文我写得完""衣服洗得干净"虽然也成立，但是这时补语已经成为"可能补语"。

⑧ 我没听懂这句话的意思。

⑨ 黑板上的字还没擦掉。

⑩ 你不复习完，很难通过考试。

⑪ 不收拾干净，妈妈会生气的。

（三）结果补语的指向

从结构上说，结果补语可以指向句子的谓语中心语、主语、宾语，甚至是泛指的或者指向上下文中出现的其他成分。例如：

⑫ 我的作业写完了。　　　　　（指向谓语中心语"写"）

⑬ 他买到一本好书。　　　　　（指向谓语中心语"买"）

⑭ 她打赢了那场比赛。　　　　（指向主语"她"）

⑮ 这件衣服洗干净了。　　　　（指向主语"这件衣服"）

⑯ 张三打破了一个花瓶。　　　（指向宾语"一个花瓶"）

⑰ 我们球队打败了对手。　　　（指向宾语"对手"）

⑱ 这点儿饭能吃饱吗？　　　　（指向句外成分）

⑲ 低度酒也会喝醉的。　　　　（指向句外成分）

从语义上说，结果补语可以指向动作行为本身，也可以指向施事、受事、工具、时间、空间等。例如：

⑳ 他没砍着树。　　　　　　　（指向动作"砍"）

㉑ 他砍树砍累了。　　　　　　（指向施事"他"）

㉒ 他把树砍倒了。　　　　　　（指向受事"树"）

㉓ 这棵树把刀砍钝了。　　　　（指向工具"刀"）

㉔ 这棵树砍早了。　　　　　　（指向时间）[1]

㉕ 这棵树砍高了。　　　　　　（指向空间）

---

[1] 这种与预期结果产生偏离的补语，也称为"偏离补语"。

二、情态补语

情态补语表示由动作行为或者性状呈现出来的情态。

（一）情态补语的构成成分

情态补语一般由谓词性成分或主谓短语等充当，谓语中心语和情态补语之间一般要加"得"。例如：

① 这句话说得好。　　　　　　　　（形容词）

② 他记得清清楚楚。　　　　　　　（形容词重叠式）

③ 他说得简单而明了。　　　　　　（联合短语）

④ 球员们都激动得抱紧了队友。　　（动宾短语）

⑤ 他跑得非常快。　　　　　　　　（状中短语）

⑥ 他高兴得跳了起来。　　　　　　（中补短语）

⑦ 他累得头上全是汗。　　　　　　（主谓短语）

⑧ 她感动得热泪盈眶。　　　　　　（四字成语）

口语中，情态补语前的"得"有时可替换为"得个"或"个"等。例如：

⑨ 我想落得个耳根清净。

⑩ 五月的雨下个不停。

⑪ 打了个措手不及。

（二）情态补语的缺省问题

情态补语在一定的语境下可以省去，以"得"收尾，表示程度深，无须进一步说明，或因无法形容，有让说话人自己体会的意思。例如：

⑫ 把他急得！

⑬ 把你美得！

⑭ 看他得意得！

三、趋向补语

趋向补语主要表示动作行为的方向，由趋向动词充当。

（一）趋向补语的类型

趋向补语有简单和复杂之分。例如：

① 他发来了一条微信。

② 大家一起朝那个方向看去。

③ 他们很快就爬上了山顶。

④ 他慢慢地走出了房间。

⑤ 请把窗户打开。

⑥ 妈妈带回来一条鱼。

⑦ 妈妈带回一条鱼来。

⑧ 他迅速地跑进房间去了。

⑨ 他又忘了把伞拿回家去。

简单趋向补语一般由在谓语中心语之后的单音节的趋向动词充当，主要是"来""去"，如上述例①②，也有"上""下""进""出""起""回""开"等，如上述例③④⑤；复杂趋向补语一般是由在谓语中心语之后的双音节的趋向动词充当，主要有"上来""上去""下来""下去""进来""进去""出来""出去""过来""过去""回来""回去""起来"等，如上述例⑥⑦⑧⑨。

（二）助词"了"的位置

趋向动词用在谓语中心语后做补语，如果需要加上时态助词"了"，则一般放在补语之后、宾语之前。例如：

⑩ 楼上下来了一个人。

⑪ 远处传来了一阵歌声。

⑫ 她眼里流出了一滴泪。

有时，"了"也可以用在补语之前，但是其后不能再加宾语。例如：

⑬ 一个人走了出来。

⑭ 他站了起来。

（三）趋向补语的引申用法

趋向补语不仅能够表示动作行为的方向，有时候还可以引申为"开始、持续、实现"等。例如：

⑮ 大家开心地跳起了舞。　　　　　　（开始）

⑯ 他突然大笑了起来。　　　　　　　（开始）

⑰ 这个风俗一直保持下来了。　　　　（持续）

⑱ 别紧张，说下去吧。　　　　　　　（持续）

⑲ 哥哥终于当上了公务员。　　　　　（实现）

⑳ 办法他已经想出来了。　　　　　　（实现）

四、可能补语

可能补语表示动作行为的结果、趋向等可能或不可能实现，以及事件本身是否具有可能性。

（一）可能补语的类型

可能补语主要有两类：第一类是在结果补语和趋向补语与谓语中心语组成的中补结构之间插入"得"或"不"，表示动作的结果、趋向可能或不可能实现。例如：

看得懂　吃得饱　写得完　看得清　搬得动　住得下

看不懂　吃不饱　写不完　看不清　搬不动　住不下

说得出　走得出去　忙得过来　看得过来　数得过来

说不出　走不出去　忙不过来　看不过来　数不过来 [1]

第二类直接由"得""得了"或"不得""不了"充当，表示事件本身是否具有可能性。例如：

① 这种蘑菇吃得吃不得?　　（能吃不能吃）

② 这件事情很重要，马虎不得。　（不能马虎）

③ 这些菜我们吃得了。　　（能吃完）

④ 明天下雨，体育课上不了了。　（不能上）

（二）可能补语和情态补语

可能补语和情态补语的肯定形式是相同的。例如：

⑤ （这个字）他写得好。

其中的"好"既可以是可能补语，表示"能写好"，也可以是情态补语，表示"写得不错"。但是二者之间也存在很大差异，如下表所示：

表2—2　可能补语和情态补语

	肯定形式	意义	否定形式	肯定式扩展	否定式扩展
可能补语	写得好	能写好	写不好	无	无
情态补语	写得好	写得不错	写得不好	写得很好	写得很不好

---

[1] 这一组可能补语中，"动"可以引申为力气充分，"搬得动"是力气足够搬某物，"搬不动"是力气不够搬某物，类似的还有"拿得/不动""跑得/不动""推得/不动"等；"下"可以引申为空间充分，"住得下"是空间足够住某些人，"住不下"是空间不够住某些人，类似的还有"放得/不下""吃得/不下""坐得/不下"等；"过来"可以引申为时间、能力、数量等充分，"忙得过来"是能力足够忙某事，"忙不过来"是能力不够忙某事，类似的还有"看得/不过来""数得/不过来"等。

从表 2—2 可知，区分这两种补语，可以采用扩展法进行区分。情态补语前面可以加修饰限定性成分，而可能补语前面不能加修饰限定性成分。从读音上看，可能补语突显的是谓语中心语和"得"，而情态补语突显的是"得"后面的补语。

五、程度补语

程度补语用来表示程度的高低。程度补语的谓语中心语一般是性质形容词、心理动词以及与身体状况相关的词语等。能够做程度补语的词比较少，形容词主要有"死、坏、多、透、厉害、慌"等，副词主要有"很"和"极"。例如：

① 我累死了。

② 这几天把她忙坏了。

③ 他的脸色好多了。

④ 小王恨透了那个人。

⑤ 他的心跳得厉害。

⑥ 昨天下午他闲得慌。

⑦ 这里的杧果多得很。

⑧ 女主角漂亮极了。

⑨ 头发掉得厉害

⑩ 她的手抖得很。

此外，"不行 / 不得了""要死 / 要命"做补语时也可以表示程度。例如：

⑪ 她羡慕得不行 / 不得了。

⑫ 我困得要死 / 要命。

⑬ 他咳嗽咳得不行 / 不得了。

⑭ 头晕得不行 / 不得了。

一般的程度补语后常常要加"了"，之前不能加"不"，有时可以加"没"，但是"没"和"了"一般不能同时出现。例如：

忙死了　　　气坏了　　　累坏了　　坏透了

＊忙不死了　＊不气坏了　＊没累坏了　没坏透

但"很""厉害""慌""不行""不得了""要死""要命"等做补语时，之前要加"得"，之后不加"了"。[1]例如：

忙得很　　气得厉害　　累得慌

坏得不行／不得了／要死／要命

六、数量补语

数量补语用以补充说明动作行为的次数、时间，或者比较对象之间的差异等，一般由数量短语来充当。[2]例如：

① 我去过北京两次。

② 一顿饭只吃了十分钟。

③ 哥哥比我大两岁。

④ 快一点儿[3]啊！

数量补语主要包括动量补语、时量补语和比量补语。

（一）动量补语

动量补语主要用来表示动作行为发生的次数。例如：

---

[1]"不行""不得了""要死""要命"做补语时，其后一般不加"了"，但也有加"了"的情况。例如：他累得不行／要死了。

[2]数量补语与数量宾语的区别在于，数量补语一般用于补充说明谓语中心语所表示的动作行为的次数或时间，数量宾语一般是谓语中心语所表示动作行为对象的数量。例如：

① 我已经看了三遍。　　　（"三遍"是动量补语）

② 我已经看了三天。　　　（"三天"是时量补语）

③ 我已经看了三本。　　　（"三本"是数量宾语）

"看了三遍"中"三遍"是"看"的数量，"看了三天"中"三天"是"看"的时间，而"看了三本"中"三本"是"看"的对象（一般为"书"）的数量。

[3]有些书籍把"一点儿""一些""俩"等归属于既表示数又表示量的"数量词"，如北京大学中文系现代汉语教研室编写的《现代汉语（增订本）》、中国社会科学院语言研究所词典编辑室编写的《现代汉语词典（第七版）》等。

⑤ 爸爸跑了几趟。

⑥ 妈妈抱了我一下。

⑦ 弟弟去两回了。

⑧ 爸爸生气地打了他一顿。

（二）时量补语

时量补语表示动作行为或状态开始、持续或完成的时间。例如：

⑨ 他等了三年了。

⑩ 姐姐已经出发两天了。

⑪ 病人已经昏迷三十分钟了。

时量补语一般由数量短语充当，有时候也可以用"数词＋时间名词"替代。因此，有些名词性成分也可以做补语。例如：

⑫ 同学们学两个月了。

⑬ 张老师等一个星期了。

⑭ 你已经休息几个小时了。

（三）比量补语

比量补语表示经过比较之后产生的数量上的差异。例如：

⑮ 哥哥比我大两岁。

⑯ 孩子已经比桌子高三厘米了。

⑰ 他比姐姐勤奋一些。

七、介宾补语

介宾补语是指由介宾短语充当的补语，主要是由介词"向""往""自""在""于"等加上表示时间、处所、方向等意义的词语构成，表示动作行为或性状的时间、处所、方向、比较的对象等。例如：

① 张三生于1999年。　　　　　　（时间）

② 他来自云南。　　　　　　　　（处所）

③ 这件事发生在一个小山村。　　（处所）

④ 这辆火车开往南方。　　　　　（方向）

⑤ 今年的收入高于往年。　　　　（比较）[1]

需要注意的是，介宾补语和以上所说的六种补语并非使用同一标准划分出来的，以上六种补语是从语义角度进行的分类，而介宾补语主要是从结构角度进行的分类。

思考与练习六

一、试析下列哪些句子含有结果补语，并指出它们的语义指向。

1. 他听懂了老师讲的故事。

2. 同学们都已经懂了。

3. 你一定要记住。

4. 衣服已经洗干净了。

5. 黑板上的字已经擦掉了。

6. 我们都学会了。

7. 今天玛丽来晚了。

8. 他战胜了自卑的心理。

9. 他们正在战斗。

10. 葡萄酒也能喝醉。

二、指出下列句子中补语的引申义。

1. 这个孩子很快就开心起来了。

---

[1] 表示时间、比较的介宾补语，与时量补语、比量补语一样，均可以表示时间、比较。

2. 他们唱起歌来了。

3. 天气渐渐冷起来了。

4. 那个人的名字她终于想起来了。

5. 民族文化一定要传承下去。

6. 这件古董是爷爷的爷爷传下来的。

7. 别放弃，你一定要坚持下去。

8. 他的论文写出来了。

9. 他想出了一个好办法来。

10. 姐姐写的诗登上报纸了。

11. 弟弟终于考上了理想的学校。

12. 这个箱子太重了，她搬不动。

13. 这间教室只能坐得下二十个人。

14. 他已经走不动了。

15. 这么多人，你能照顾得过来吗？

三、指出下列句子中补语的构成成分与语义类型。

1. 他 2000 年出生于北京。

2. 把他们打个落花流水。

3. 他今天高兴不起来。

4. 妹妹比姐姐还高一点儿。

5. 这种民间艺术被保存了下来。

6. 她吓得面色苍白。

7. 哥哥为难得皱起了眉头。

8. 你刚才表现得非常出色。

9. 他听得清楚极了。

10. 这本书我看三遍了。

11. 他已经等三天了。

12. 那个孩子跌倒了。

13. 草丛里跑出来一只兔子。

14. 衣服我洗干净了。

15. 这条围巾漂亮极了。

四、将下列能够搭配的成分用线连起来。

<table>
<tr><td colspan="2" align="center">（一）</td><td colspan="2" align="center">（二）</td></tr>
<tr><td>这个女孩儿</td><td>整洁极了</td><td>疼得</td><td>出去</td></tr>
<tr><td>饭</td><td>吃不完</td><td>唱得</td><td>发紫</td></tr>
<tr><td>房间</td><td>设计得很好</td><td>走</td><td>流油</td></tr>
<tr><td>游戏</td><td>发生得很突然</td><td>哭</td><td>动听</td></tr>
<tr><td>那件事</td><td>温柔得很</td><td>红得</td><td>厉害</td></tr>
<tr><td>酒香</td><td>飘得很远</td><td>肥得</td><td>起来</td></tr>
</table>

五、判断下列句子或说法的正误，并改正错句。

1. 补语不能由名词性成分充当。　　　　　（　　）

2. 程度补语可以由副词充当。　　　　　　（　　）

3. 他穿得很整整齐齐。　　　　　　　　　（　　）

4. 那个孩子傻很了。　　　　　　　　　　（　　）

5. 这个字你不写得很好。　　　　　　　　（　　）

6. 上个星期他忙得不行。　　　　　　　　（　　）

7. "我等了三年"中，"三年"是宾语。　　（　　）

8. 这本书我看了三遍，终于看完了。　　　（　　）

9. 现在我要回去家。　　　　　　　　　　（　　）

10. 这条路难走得要命。　　　　　　　　　（　　）

六、选用适当的词语填空。

开　极了　住　厉害　满　完　清楚　过来　早　整齐　透　上

1. 字那么小，能看（　　）吗？

2. 我感冒了，头痛得（　　）。

3. 他朝我这边走了（　　）。

4. 这件衣服太小了，我穿不（　　）。

5. 她的房间收拾得很（　　）。

6. 他的书包装（　　）了书，很重。

7. 姐姐心里开心（　　）。

8. 九点才开始，我们来（　　）了。

9. 一句话没说完，他就从我身边跑（　　）了。

10. 所有的衣服都洗（　　）了。

11. 天都黑（　　）了，孩子还没回来。

12. 他想试着留（　　）那个女孩儿。

七、选择正确的答案填空。

1. "他说得好"中的补语是（　　）。

　　A. 情态补语　　　　　　　　B. 结果补语

　　C. 可能补语　　　　　　　　D. 情态补语或可能补语

2. 他从书架上取（　　）一本书，看了看，又放了（　　）。

　　A. 下来　回去　　　　　　　B. 下来　回来

　　C. 下去　回去　　　　　　　D. 下去　回来

3. 屋里走（　　）一位老先生，朝我们这条小路走来了。

　　A. 出去　　　B. 进来　　　C. 出来　　　D. 进去

4. 下列短语中，不是中补短语的是（　　）。

　　A. 看了三遍　　　　　　　　B. 等了三天

C. 说了三次　　　　　　D. 浪费了三天

5. 下列短语中的补语不是程度补语的是（　　）。

A. 坏透了　　　　　　　B. 漂亮极了

C. 伤心死了　　　　　　D. 写完了

6. 下列短语中正确的是（　　）。

A. 回去学校了　　　　　B. 过三年去了

C. 回家去了　　　　　　D. 走学校出来了

7. 下列短语中与其他短语不同的是（　　）。

A. 吃完　　　B. 跌倒　　　C. 吓哭　　　D. 写好

8. 不能做情态补语的是（　　）。

A. 轻松　　　B. 进来　　　C. 开心　　　D. 漂漂亮亮

八、举例说明你的母语或者熟悉的外语中补语的语法特征，或谈谈与汉语补语相对应的表达方式。

第七节　特殊句子成分

特殊句子成分是指句子中与前后成分没有主谓、动宾、偏正、中补等配对关系的成分，主要包括提示成分和独立成分。

一、提示成分

提示成分是指不属于句子的直接组成成分，却与句中某事物同指的特殊句子成分。

（一）称代式提示成分

称代式提示成分一般用于句首，句中用代词来指代它。称代式提示成分前后有明显的停顿，书面语中经常用逗号或破折号表示。例如：

① 善良和宽容，这是她最大的优点。

② 黄河——她是我们的母亲河。

（二）总分式提示成分

总分式提示成分可以是总说部分，分说部分有其同指的成分；也可以是分说部分，总说部分有其同指的成分。总分式提示成分前面或后面一般会有语音停顿，在书面语中会用逗号、冒号或破折号表示。例如：

③ 他的两个孩子，一个上大学了，一个刚出生。

④ 哥哥的两个爱好：一是打篮球，一是听音乐。

⑤ 房间里有三个人——小张、小李、小刘。

二、独立成分

独立成分是指独立于句外，跟前后词语都没有结构关系，却又是句法表达所需要的特殊句子成分。独立成分主要包括插说语、称呼语、感叹语、拟声语等。

独立成分的特点主要有二：一是结构独立，不跟别的成分发生结构关系，与别的句子成分之间往往用停顿隔开；二是位置灵活，可以出现在句首、句中、句尾。

（一）插说语

插说语也叫"插入语"，它的作用是补足语义，使句子表达更加严谨。插说语主要有以下几类：

1. 表示肯定、强调

常用的有"毫无疑问""很显然""不可否认"等。例如：

① 毫无疑问，他是最合适的人选。

② 很显然，他并不赞同我们的做法。

③ 这件事情，不可否认，是他的问题。

2. 表示推测、估计

常用的有"看样子""说不定""想必"等。例如：

④ 看样子你已经猜到了。

⑤ 他说不定很快就会想出好主意。

⑥ 那个消息想必你已经知道了。

3. 表示消息来源

常用的有"据说""听说""相传"等。例如：

⑦ 据说，张老师已经结婚了。

⑧ 听说，你以前来过中国。

⑨ 相传商朝的纣王是一个暴君。

4. 用以引起注意

常用的有"你听""你瞧""你看""你想"等。例如：

⑩ 你听，是谁在唱歌？

⑪ 你瞧，那件衣服真好看！

⑫ 你想，哪个才是最合适的选择？

5. 用以总括

常用的有"总之""总而言之"。例如：

⑬ 总之，大家一定要认真。

⑭ 总而言之，这很重要。

6. 用以注释、补充

常用的有"即""换句话说""也就是说"等。例如：

⑮ 性格相似的人容易做朋友，即"物以类聚，人以群分"。

⑯ "物以类聚，人以群分"，换句话说，性格相似的人总是会成为朋友。

⑰ 这架钢琴太贵了，也就是说，我们买不起。

7. 用以附带说明

常用的有"说实话""严格地说""一般来说"等。例如：

⑱ 我真不想去，说实话。

⑲ 严格地说，这个项目并没有完成。

⑳ 一般来说，单色的地毯会使房间显得更宽敞。

（二）称呼语

称呼语用来称呼对方，引起对方注意。例如：

㉑ 服务员，来一碗炸酱面。

㉒ 回来啦，哥。

㉓ 爷爷，您给我讲讲啊。

（三）感叹语

感叹语用叹词来表示惊讶、喜悦、愤怒等感情。例如：

㉔ 啊！真美！

㉕ 哦！他来了。

㉖ 烦死了，唉！

（四）拟声语

拟声语由拟声词来充当，模拟声音，增强表达效果。例如：

㉗ 哗啦啦，雨下个不停。

㉘ 北风刮了一整晚，呼——呼……

㉙ 咚——咚，有人在敲门。

思考与练习七

一、指出下列特殊句子成分的类别。

1. 大堰河，你是我的保姆。

2. 我的两个姐姐：一个是教师，一个是护士。

3. 哎呀，吓死我了。

4. 你看，他来了。

5. 汪——汪——汪，狗一直在叫。

6. 看样子我来晚了。

7. 老板，来一笼包子。

8. 总之，这件事十分重要。

9. 严格地说，这个计划还有很多问题。

10. 听说，他住院了。

11. 很显然，他已经很不耐烦了。

12. 这个地方太乱了，也就是说，我想走了。

二、举例说明你的母语或者熟悉的外语中的特殊句子成分，或谈谈与汉语特殊句子成分相对应的表达方式。

第三章　句类与句型

　　句类是句子的语气和功能类型，是从语用角度，根据语气和功能对句子进行的分类。汉语句子根据语气和功能主要可分为四种：陈述句、疑问句、祈使句和感叹句。

　　句型是句子的结构类型，是从句法角度，根据句子的整体结构对句子进行的分类。汉语中的句型是一个具有层次性的系统，主要分为主谓句和非主谓句。主谓句又分为体词谓语句、动词谓语句、形容词谓语句和主谓谓语句等；非主谓句又分为体词性非主谓句、动词性非主谓句、形容词性非主谓句、叹词性非主谓句等。

第一节　句　类

　　汉语句类主要包括四种：陈述句、疑问句、祈使句和感叹句。

一、陈述句

　　陈述句是用来陈述事件或表明态度的句子，是一种常见的句子类别。陈述句的语调上比较平匀，在书面上表现为句尾标有句号（"。"）。陈述句可分为一般陈述句和强调陈述句。

一般陈述句是相对于强调陈述句而言的。例如：

① 我们都是留学生。

② 每个人都爱自己的妈妈。

③ 我相信大家能够学好汉语。

强调陈述句是在陈述的基础上，加上了强调语气。例如：

④ 我不是不相信你。

⑤ 他是不会相信你的。

⑥ 这个道理连小朋友都知道。

上述三个句子分别用"不……不""是……的"和"连……都"的格式表示强调。其中例④也称为双重否定句，以双重否定的形式表示肯定的意义。另如：

⑦ 这里没有人不怕他。

⑧ 他明天不会不来。

⑨ 我今天非见到他不可。

二、疑问句

疑问句是用来表示疑问的句子，在书面上表现为句尾标有问号（"？"）。疑问句可根据结构特点分为四类：是非问、选择问、正反问和特指问。

（一）是非问

是非问是要求对方做出肯定或否定回答的问句，常常在陈述句的基础上增加疑问语气，或者增加语气词"吗"，对方应该以肯定的"嗯""是的"或否定的"不""不是"等回答。例如：

① 今天星期二吗？

② 你去超市吗？

③ 他昨天不高兴了吗？

④ 爷爷身体好吗？

（二）选择问

选择问是问话人给出两个或两个以上的选择，让对方从中做出选择的问句。例如：

⑤ 你去还是我去（呢）？

⑥ 你这个周末旅行还是休息（呢）？

⑦ 你要红的、蓝的还是黑的（呢）？

（三）正反问

正反问是问话人从正反两个方面给出两个选择，让对方从中做出选择的问句。事实上，正反问可以看作选择问的一种，只是被选择的对象比较特殊，是一个问题或一个事件的正反两方面，其基本格式是"V 不 V""V 没 V""A 不 A"或"A 没 A"等。例如：

⑧ 你去没去图书馆（呢）？　　　　　　（V 没 V）

⑨ 我的衣服漂不漂亮（呢）？　　　　　（A 不 A）

⑩ 他愿意不愿意做这项工作（呢）？　　（V 不 V）

如果正反问的中心语没有宾语，还可以省略后一个中心语，形成"VP 不""VP 没""AP 不"或"AP 没"的形式。例如：

⑪ 你愿意不？　　　　　　　　　　　　（VP 不）

⑫ 你去学校没？　　　　　　　　　　　（VP 没）

⑬ 我的衣服漂亮不？　　　　　　　　　（AP 不）

⑭ 他的伤口好点儿没？　　　　　　　　（AP 没）

（四）特指问

特指问是以疑问代词（如"谁""什么""哪""哪儿""多

少""怎么""为什么"等）替代未知成分的问句，要求对方
就疑问代词表示的内容进行回答。例如：

⑮ 谁告诉你我今天不来（呢）？

⑯ 咱们中午吃什么（呢）？

⑰ 你住哪间宿舍（呢）？

⑱ 哪儿能买到电话卡（呢）？

⑲ 你有多少中国朋友（呢）？

⑳ 怎么去机场最快（呢）？

㉑ 你为什么不说话（呢）？

值得注意的是，选择问、正反问、特指问的句尾都不能加
"吗"，可以加"呢"；如果加上"呢"，则具有加强疑问语
气的作用。除了正常的疑问句以外，问句还有一些特殊的形式。
下面进行具体介绍。

（五）问句的特殊形式

1. 猜度问

猜度问是用"吧"向对方确认自己猜想的问句。使用这种
问句时，说话人已经形成了自己的看法，只是想得到对方的进
一步证实和确认。例如：

㉒ 你是留学生吧?

㉓ 你已经大学毕业了吧?

2. 省略问

省略问是指不把整个问题表达出来，而是用省略的形式提
出问题的句子。其基本格式是"非疑问形式 + 呢"。例如：

㉔ 我的手机呢?

㉕ 我是八点来的，你呢?

㉖（如果）他没来呢？

㉗（如果）他不来呢？

省略问可以表示寻找，询问"在哪儿"，如例㉔；可以询问与上一分句相关的情况，如例㉕；也可以对已经发生或者尚未发生的事件表示假设，询问相关的情况或后续事件，如例㉖和例㉗。

3. 反问

反问句也叫"反诘句"，是以疑问的形式表达明确观点或态度的句子。反问句是无疑而问，不需要回答，一般以肯定形式表示否定内容或以否定形式表示肯定内容。在形式上，反问句还常常用"难道""岂"等加重反问语气。例如：

㉘ 我会不知道？　　　　　　（我知道）

㉙ 何必让她知道呢？　　　　　（不应该让她知道）

㉚ 难道我有这么笨吗？　　　　（我并不笨）

㉛ 难道汉语真的这么难吗？　　（汉语并没有这么难）

㉜ 我岂能见死不救？　　　　　（我不能见死不救）

4. 设问

设问句也就是"自问自答"，说话人故意先提出问题，然后自己回答。设问句的作用并不是要求对方回答，而是引起对方的注意和思考。例如：

㉝ 什么是合作？合作是互相配合。

㉞ 太空中有外星人吗？现在还不确定。

㉟ 是谁创造了历史？是我们人民群众。

三、祈使句

祈使句是表示请求、要求、命令、建议、劝告、催促等意愿的句子，书面上句尾可以用句号（"。"）或感叹号（"！"）。祈使句可以是委婉的语气，也可以是强硬的语气。例如：

① 咱们一起走吧。

② 帮他一把吧。

③ 请出去一下。

④ 给我滚出去！

⑤ 千万别去了！

⑥ 不准去！

⑦ 快跑！

四、感叹句

感叹句是抒发强烈感情的句子，书面上以感叹号（"！"）结尾。感叹句常常用"多""多么""真""太"等表示主观感叹的词语，也可以用一个叹词或形容词等表示感叹。例如：

① 他多开心啊！

② 多么可爱的小动物啊！

③ 这儿的风景真美！

④ 哇！这孩子太聪明了！

⑤ 唉！

⑥ 哼！

⑦ 漂亮！

思考与练习一

一、指出下列句子的功能类型。

1. 哎呀！

2. 蛇！

3. 太美了！

4. 请进！

5. 别动！

6. 我是张三。

7. 我不得不去。

8. 你是谁？

9. 你是张三？

10. 你是张三吧？

11. 你是不是张三？

12. 这衣服漂亮不？

13. 你是张三，还是李四？

14. 难道我是你？

15. 张三是谁？一个中国通。

16. 我的外套呢？

17. 麦克是英国人，玛丽呢？

18. 如果明天不下雨呢？

19. 他是不会同意的。

20. 他连"你好"也不会说。

二、将下列句子变为双重否定句。

1. 他一定要这样做。

2. 我们都会说汉语。

3. 这里的饭店他都吃过。

4. 他必须替父母考虑。

5. 我们班所有人都喜欢她。

6. 我肯定会说到做到。

7. 每位老师都夸她学习努力。

8. 我很了解我的朋友。

9. 这句话我必须说出来。

10. 我们全校师生都认识他。

三、仿照汉语句类的例句各造两个句子。

四、以汉语为例，说明句类、句型和句式的区别。

五、举例说明你的母语或者熟悉的外语中句子的结构类型。

第二节　句　型

句型是句子的结构类型。根据整个句子是否由主语和谓语两部分组成，汉语中的句型可分为主谓句和非主谓句。

一、主谓句

主谓句是指包括主语和谓语两个部分的句子。例如：

① 今天 ‖ 星期二。

② 我们 ‖ 学习汉语。

③ 她 ‖ 非常勤奋。

④ 姚明 ‖ 个子很高。

以上四个主谓句的谓语分别是体词性成分、动词性成分、形容词性成分和主谓短语。根据谓语性质的不同，主谓句可分为体词谓语句、动词谓语句、形容词谓语句和主谓谓语句等。

（一）体词谓语句

由体词性成分做谓语的句子合称为"体词谓语句"。体词谓语句主要是用来说明时间、日期、天气、籍贯、年龄、数量、价格、特征等。例如：

⑤ 现在‖十点十分。　　　　　　　　（时间）

⑥ 今天‖三月二十一日。　　　　　　（日期）

⑦ 今天‖阴天。　　　　　　　　　　（天气）

⑧ 鲁迅‖浙江绍兴人。　　　　　　　（籍贯）

⑨ 大哥‖三十二，二哥‖二十八。　　（年龄）

⑩ （苹果）五块钱‖一斤。　　　　　（数量）

⑪ （苹果）一斤‖五块钱。　　　　　（价格）

⑫ 大卫‖黄头发，蓝眼睛。　　　　　（特征）

（二）动词谓语句

动词谓语句是以动词、动词性短语做谓语的句子。动词谓语句可根据有没有带宾语、带什么样的宾语分为无宾语句、单宾语句、双宾语句、主谓短语做宾语的句子等。

1. 无宾语句

无宾语句不带宾语，有的是不能带宾语，有的是没有带宾语。例如：

⑬ 我们‖八点出发。

⑭ 我们‖八点讨论。

例⑬中"出发"是不及物动词，不能带宾语；例⑭中"讨论"是及物动词，本来可以带宾语，只是在本句中没有带宾语。

2. 单宾语句

单宾语句中有且只有一个宾语，有的是只能带一个宾语，有的是双宾语句中的一个宾语省略。例如：

⑮ 他‖在听音乐。

⑯ 他‖昨天就告诉了我。

其中例⑮中只能有一个宾语，而例⑯中应该还有告诉的内容，是另外一个被省略的宾语，只是从表面上看，句子只有一个宾语。

3. 双宾语句

双宾语句是谓语中心语带有两个宾语的句子。例如：

⑰ 李老师‖给了我一本书。

⑱ 刘老师‖问了他一个问题。

关于双宾语句，我们在第四章第二节还会详细介绍，此处不再赘述。

4. 主谓短语做宾语的句子

主谓短语也可以做宾语，这时候的谓语中心语一般表示心理活动、感知、言说或证实等，句中有"希望、期待、想、相信、觉得、以为、认为、看见、听见、要求、建议、表示、表明、说明、证明、标志"等词。例如：

⑲ 我‖希望你下个月能通过 HSK6 级。

⑳ 我‖看见他正在踢足球。

㉑ 老师‖要求我们写规范汉字。

㉒ 事实‖证明所有人都能做到。

（三）形容词谓语句

形容词谓语句是指以形容词或形容词短语做谓语的句子。与很多语言相比，汉语的形容词谓语句特点比较鲜明：它不需要加上系词，形容词可以直接做谓语，但是，单个的形容词只有在对举或问答的时候才单独做谓语，其他情况一般不直接做谓语，而是需要加上非重读的"很"。例如：

㉓ 锻炼身体‖很重要。

㉔ 我的妹妹‖很漂亮。

㉕ 哥哥‖高，妹妹‖矮。

㉖ ——哥哥‖高吗？

　　——高！

汉语中的"很"有两种读法，一种是重读的，表示程度很深；另一种是不重读的，如以上例㉓和例㉔中的"很"，并不表示程度深，而只是用于形容词谓语之前，使句子符合语言表达的习惯和信息传递的需要。

（四）主谓谓语句

主谓谓语句是指以主谓短语做谓语的句子。主谓短语在句中的作用主要是描写或说明主语。例如：

㉗ 姐姐‖身材非常苗条。

㉘ 他的宿舍‖条件很好。

二、非主谓句

非主谓句是指主谓谓语句以外的句子，即不以主谓短语构成的句子。根据组成成分的性质可分为名词性非主谓句、动词性非主谓句、形容词性非主谓句及其他几种特殊的非主谓句。

（一）名词性非主谓句

名词性非主谓句主要由名词或名词性成分组成。常常用来表示呼唤、赞叹、突然出现的事物，或者文艺作品里说明时间、地点、存现的事物等。例如：

① 王老师！

② 好孩子！

③ 蝴蝶！

④ 枯藤老树昏鸦，小桥流水人家。

⑤ 2008 年 8 月 8 日，北京鸟巢。

（二）动词性非主谓句

动词性非主谓句主要由动词或动词性成分组成。例如：

⑥ 出去！

⑦ 上课了。

⑧ 把作业给我。

⑨ 请随手关门。

（三）形容词性非主谓句

形容词性非主谓句主要由形容词或形容词性成分组成。例如：

⑩ 漂亮！

⑪ 真漂亮！

⑫ 漂亮极了！

（四）几种特殊的非主谓句

除了以上几种非主谓句，还有一些比较特殊的非主谓句，主要由叹词、拟声词或副词等成分组成。例如：

⑬ 唉！

⑭ 啊？

⑮ 咚咚咚！

⑯ 呼——呼——

⑰ 不！

⑱ 当然！

思考与练习二

一、仿照汉语各种句型的例句各造两个句子。

二、举例说明你的母语或者熟悉的外语中的句型及其构成成分。

第四章　特殊句式

　　特殊句式是指在局部结构或语义特征上比较特殊的句子。不少句式与句型一样，也是根据句子结构划分出来的，但二者又存在差异，句型是根据句子的整体结构划分出来的句子类型，句式是根据句子局部的结构特点或语义特点划分出来的句子类型。

　　按结构特点划分出来的特殊句式主要包括两种，一种是以特殊词语为标志的，如"把"字句、"被"字句、"是"字句等；另一种是以特殊结构为标志的，如连谓句、兼语句、双宾语句等。

　　按语义特点划分出来的特殊句式主要也包括两种，一种是以特殊语义范畴为标志的，如存现句、被动句、比较句等；另一种是以特殊语义角色为标志的，如受事主语句、施事宾语句等。

　　本章介绍的特殊句式主要有：主谓谓语句[1]、双宾语句、连

---

　　[1]严格地说，主谓谓语句是根据整个句子是否由主语和谓语两部分组成而划分出的句子类型（主谓句与非主谓句），应该属于句型，齐沪扬主编的《对外汉语教学语法》、施春宏所著的《汉语纲要（下册）》等均在"句型"中对其进行介绍。但是，有不少文献在谈及特殊句式时也普遍论及了主谓谓语句，例如，黄伯荣和廖序东主编的《现代汉语》、邢福义和汪国胜主编的《现代汉语》、沈阳和郭锐主编的《现代汉语》、李德津和程美珍编著的《外国人实用汉语语法》、卢福波所著的《对外汉语实用教学语法》等。所以，本书中在句型一节只对其进行了简单介绍，主要在本节进行详细的介绍。

谓句、兼语句、"把"字句、"被"字句、"比"字句、存现句、
"有"字句、"在"字句、"是"字句、"是……的"句等。

第一节　主谓谓语句

主谓谓语句是由主谓短语做谓语的句子，是汉语中结构较
为特殊的一种句子类型。

一、主谓谓语句的基本格式

主谓谓语句的基本格式是"大主语＋小主语＋小谓语"，
其中"小主语＋小谓语"又合称为"大谓语"。例如：

① 这件事他不知道。

② 他什么都不知道。

③ 他个子很高。

④ 他工作很认真。

这类句子中全句的主语称之为大主语（用双下画线"＿＿"
表示），做谓语的主谓短语中的被陈述的成分称之为小主语（用
着重号"·"表示）。大主语对应的是大谓语，小主语对应的是
小谓语。比如，例①中，"这件事"是大主语，"他不知道"
是大谓语；"他"是小主语，"不知道"是小谓语。

二、主谓谓语句的类型

主谓谓语句中的大主语与小主语之间、大主语与大谓语中
的某成分之间往往有一定的语义联系，根据它们之间的关系，
可以将主谓谓语句分为两大类：一类是大小主语均为小谓语论
元的主谓谓语句，另一类是大谓语对大主语的某方面进行描写、
评价或阐述的主谓谓语句。

（一）大小主语均为小谓语论元的主谓谓语句

这种主谓谓语句的大主语和小主语均为小谓语的论元。大主语与小主语可以都是必有论元（施事和受事），也可以分别是必有论元与可有论元（工具、材料、方式、与事、处所、范围、关涉对象等）。具体包括以下几类：

1. 大主语是施事，小主语是受事[1]。例如：

① 她一个字也没写。

② 他什么困难都能克服。[2]

③ 我作业全做完了。

④ 小张水墨画画得很好。

⑤ 你这句话已经跟很多人说过了。

2. 大主语是受事，小主语是施事。例如：

⑥ 一个字她也没写。

⑦ 作业我全做完了。

⑧ 什么困难他都能克服。

⑨ 水墨画小张画得很好。

⑩ 这句话你已经跟很多人说过了。

---

[1]本节所谓的"受事"是广义的，包括第二章第三节"宾语"中所列的"受事"和"结果"等。

[2]不少著作中将大主语或小主语是周遍性词语的主谓谓语句单列一类，如朱德熙所著的《语法讲义》、施春宏所著的《汉语纲要（下册）》等。但如果将其单列，会与其他类别产生交叉，因为从语义角色来说，它们仍然属于施事、受事等。例如："他什么困难都能克服"中的"什么困难"，既属于周遍性的词语，又属于受事；"这句话谁都说过"中的"谁"，既属于周遍性的词语，又属于施事。

3. 大主语或小主语是小谓语的工具、材料、方式等。例如：

⑪ 这支笔我不知道写了多少字。（工具）

⑫ 防晒霜我还没涂呢。　　　（材料）

⑬ 美声他唱得不太好。　　　（方式）

⑭ 我防晒霜还没涂呢。　　　（材料）

⑮ 他美声唱得不太好。　　　（方式）

4. 大主语是小谓语的与事、处所、范围、关涉对象等。例如：

⑯ 这些人她只通知过一次。　（与事）

⑰ 这间房子他住过三年。　　（处所）

⑱ 三千人的考试他得了第一名。（范围）

⑲ 这件事我没有意见。　　　（关涉对象）

（二）大谓语对大主语的某方面进行描写、评价或阐述的主谓谓语句

这种主谓谓语句的大谓语是对大主语某方面进行描写、评价或阐述。具体包括以下几类：

1. 大主语和小主语之间有广义的领属关系。例如：

⑳ 小姑娘个子很高。

㉑ 老人脸色很苍白。

㉒ 他态度很诚恳。

㉓ 这件衣服颜色很深。

其中，小主语是大主语所表示事物的一部分，或者是它的某种属性。例⑳中，"个子"是"小姑娘"的；例㉑中，"脸色"是"老人"的；例㉒中，"态度"是"他"的；例㉓中，"颜色"是"这件衣服"的。这种主谓谓语句中，有些小谓语和大主语、小主语都有语义上的联系，有的句子删除小主语也成立，

而有的句子删除小主语则不成立。例如：

㉔ 小姑娘很高。

㉕ *老人很苍白。

㉖ 他很诚恳。

㉗ *这件衣服很深。

这类主谓谓语句的谓语是从某一个方面来描写、说明大主语的特点，大主语一般是人、事、物、时间、地点等。例如：

㉘ 王老师粉笔字写得很好。

㉙ 那件事原因很复杂。

㉚ 这件工艺品做工很精美。

㉛ 今天天气晴朗。

㉜ 这里花草茂盛，空气清新。

除此之外，还可以几个主谓短语连用，从几个方面说明大主语。例如：

㉝ 小李同学态度端正，成绩很好。

㉞ 我姐姐外表美丽，心地善良，性格开朗。

2. 大主语与大谓语里的某成分存在总分关系。例如：

㉟ 这套房子阳台很大。

㊱ 这套房子我把阳台封闭起来了。

㊲ 那本书他撕掉了好几页。

㊳ 三套衣服，她已经卖了两套。

3. 大主语与大谓语的某成分之间存在同指[1]关系。例如：

㊴ 咱俩谁也别怨谁。

㊵ 他们彼此非常相爱。

---

[1] "同指"也称为"复指"。

4. 大主语和小主语之间存在主谓关系。例如：

㊶ 他学习很努力。

㊷ 张老师教学特别认真。

㊸ 他游泳经常获奖。

5. 大谓语是对大主语进行量化的评论或阐述，这时小主语和小谓语往往由数量短语构成。例如：

㊹ 这衣服一百元一件。

㊺ 饺子一盘二十个。

㊻ 这种苹果一个八两。

㊼ 小王的工资三千一个月。

三、主谓谓语句的特点

第一，主谓谓语句中包含两套主谓结构，对主谓谓语句进行层次切分，可以切分出两个层面上的主谓结构。

第二，大主语和大谓语之间有明显的语音停顿，书写时可以用逗号隔开，也可以插入一些语气助词"啊""呢""吧""嘛"等，起到语气上停顿的作用，大谓语前还可以加上副词修饰。例如：

① 我啊，突然心脏有点儿不舒服。

② 哥哥的口语老师，刚刚我见过他。

第三，主谓谓语句的否定形式一般是在小主语与小谓语之间加上否定副词"没（有）""不"。例如：

③ 这件事我没（有）告诉你。

④ 这个人品行不好。

⑤ 他工作不认真。

第四，主谓谓语句容易与"代词／名词＋名词"做主语的句子发生混淆。需要注意的是，"代词/名词＋名词"做主语时，第二个名词一般表示亲属、称谓或单位等。例如：

⑥ 我<u>爸爸</u>在医院工作。

⑦ 市长<u>夫人</u>很漂亮。

⑧ 我们<u>学校</u>在三环旁边。

思考与练习一

一、将下列句子改写为主谓谓语句，并指出它们所属的小类。

1. 她有一件红衣服，她穿上很好看。

2. 他在沉默，没有说一句话。

3. 他一直在很努力地学习。

4. 一斤苹果六块钱。

5. 他有一个妹妹，她的眼睛很大。

6. 一共有十个苹果，他吃了其中的八个。

7. 他在这套房子里住了三年。

8. 她居然用一块没用的布做了一个可爱的玩偶。

9. 他在全国物理竞赛中得了第一名。

10. 我对于这件事没有什么好说的。

二、判断下列句子是否属于主谓谓语句。如果是，指出它们所属的小类。

1. 你这件衣服没有洗干净。

2. 我哥哥在银行上班。

3. 他妹妹学习很努力。

4. 白菜一块钱一斤。

5. 酸菜馅儿饺子他吃不惯。

6. 今天星期天。

7. 这些面粉我要包饺子。

8. 他们公司很有名。

9. 我们学校东区很热闹。

10. 小王个子非常高。

三、选择适当的主谓短语填空。

学习很努力　眼睛很大　什么都不会　鼻子很高　两块钱一杯　头晕　性格很开朗　精神很不好　腿受伤了　嗓子疼　脸色很红润　脑子聪明

1. 小张（　　），很容易相处。

2. 他昨天摔了一跤，（　　）。

3. 张三最近（　　），老师感到很欣慰。

4. 大卫昨天睡得很晚，今天他（　　）。

5. 这种酸奶（　　），太便宜了。

6. 他今天（　　），（　　），浑身都不舒服。

7. 他（　　），（　　），头发微卷，简直太帅了。

8. 我弟弟（　　），大家都喊他"小神童"。

9. 爷爷已经满头白发，但是（　　）。

10. 这次考试，他发现自己（　　）。

四、判断下列句子的正误，并尽量使用主谓谓语句改正错句。

1. 这样说这句话别行。

2. 他都能够克服任何困难。

3. 这家咖啡厅很少人。

4. 我包好了的饺子。

5. 这架钢琴很好音色。

6. 这个模特有太好的身材。

7. 我已经用了这台电脑三年了。

8. 用来这盒颜料他画了一幅画。

9. 这次英语考试他得了第一名。

10. 今天我没有听课去了。

五、举例说明你的母语或者熟悉的外语中与汉语主谓谓语句相对应的表达方式。

第二节　双宾语句

双宾语句是指有双重宾语的句子，句中的两个宾语一般分别指人和事物。

一、双宾语句的基本格式

双宾语句的基本格式是"（主语）＋动语＋间接宾语＋直接宾语"。间接宾语又叫近宾语，一般由人充当；直接宾语又叫远宾语，一般由事物充当。例如：

① 他送了姐姐一件礼物。

② 我们摘光了张三所有的葡萄。

③ 告诉我到底怎么了。

④ 大家叫他"小诸葛"。

二、双宾语句的类型

根据双宾语句中的动语的语义，可将双宾语句分为"给出、取进义""告知、询问义""称谓义"三大类。

（一）给出、取进义双宾语句

给出、取进义双宾语句也被简称为"取予类"双宾语句。例如：

① 她送了妹妹一件礼物。

② 张老师曾经赠我一幅画。

③ 他给了我充分的信任。

④ 单位分了他一套房子。

⑤ 老板找了我两块钱。

有的动词具有给出、取进两种意义，如"借"既有给出义，又有取进义。例如：

⑥ 我借了他一本书。→我从他那里借了一本书。（给出）

⑦ 我借了他一本书。→他从我这里借了一本书。（取进）

有些双宾语句具有广义"取予"义，我们也将其归入给出、取进义双宾语句。例如：

⑧ 张三欠[1]我一百元钱。

⑨ 她每个月花父母三千块钱。

⑩ 他们昨天喝光了我两瓶好酒。

⑪ 他甩了我一身水。

⑫ 小偷偷走了这家珠宝店几百万元的首饰。

⑬ 公司罚了他一半的奖金。

⑭ 我打碎了他们三个杯子。

⑮ 他每个月存银行两千块钱。

---

[1] 现有文献中有把"欠"类双宾语句单独列成一类的做法，如李临定所著的《现代汉语句型》。"欠"可以理解为广义的"取得"，因此，我们将其归为"取予类"。

⑯ 他教[1]了我两年语法。

（二）告知、询问义双宾语句

告知、询问义双宾语句也被简称为"告示类"双宾语句。例如：

⑰ 哥哥告诉了我一个好消息。

⑱ 小王问了老师很多问题。

⑲ 老师考了我一个很难的单词。

⑳ 哥哥回答了弟弟好几个问题。

㉑ 老师纠正了他五个错误。

（三）称谓义双宾语句

称谓义双宾语句的两个宾语之间具有同指关系，也被称为"称谓类"双宾语句，其宾语可称为"等同类"或"同指类"双宾语。例如：

㉒ 同学们都叫她王妈妈。

㉓ 中国人称黄河为"母亲河"。

三、双宾语句的特点

双宾语句是一种特殊的句式，具有以下特点：

第一，双宾语句中的动词是三价动词[2]，动词一般要有"给出""取进""询问""称说"等意义。常见的三价动词有"送、给、借、教、问、告诉、叫、称"等。

---

[1]吕叔湘《中国文法要略》等研究中把"教"类双宾语句单独列成一类，"教"可以理解为广义的"给予"或"告知"。事实上，"告知"也可以理解为给予信息，即广义的"给予"。

[2]"价"本来是化学的概念，如水（H_2O）中的氢（H）为一价，氧（O）为二价，因此，必须有两个氢和一个氧相配。语言中的很多词语也是这样，如"地震"不需要名词性成分与之相关联，而"游泳""吃""送"所代表的四类实义动词分别要求一个、二个、三个名词性成分与之相关联。所以，这四类动词分别是零价动词、一价动词、二价动词和三价动词。

第二，双宾语句中，主语是施事，间接宾语是与事，直接宾语是受事。例如：

① 他送了我一个笔记本。

② 我告诉了他一个消息。

例①中，主语"他"是施事，间接宾语"我"是与事，直接宾语"一个笔记本"是受事；例②中，主语"我"是施事，间接宾语"他"是与事，直接宾语"一个消息"是受事。

第三，双宾语句中，近宾语往往是人，距离动词较近，前面没有停顿，常常由名词或者代词充当；远宾语一般是事物，距离动词较远，前面有语音停顿（用"⌐"表示），常常由"数量名"结构充当。[1] 例如：

③ 他送了我⌐一件礼物。

④ 张老师问了我们⌐几个问题。

第四，双宾语句的否定形式是在谓语的前面加上"不""没""别"等否定副词。这时直接宾语前一般不再用数量词语做定语，可以用指量短语[2]做定语。例如：

⑤ 我送了她两本书。

⑥ 我不送她（那两本）书。

⑦ 我没送她（那两本）书。

⑧ 你别送她（那两本）书。

⑨ 我没送她一本书。

---

[1] 也有不同的情况，即近宾语是事物，远宾语是人或事物。例如：①公司又给了我们部门两个人。②他送了我们家很多东西。

[2] 指量短语是由指示代词与量词组成的短语，如"这件、那两个、这阵、那一趟、这次"等。

上述例句中例⑤为肯定形式，一般用数量词语做定语；例⑥～⑧为否定形式，一般不含数量短语，可以用指量短语做定语。例⑨中"一＋量词"为任指。"任指"表示所说的范围内没有例外，即"所有……""任何……""每一……"。例如："我没送她一本书"意思是"所有的书，我都没有送给她"，"他没有告诉我一件事"意思是"他没有告诉我任何事"。

第五，双宾语句往往可以变换为非双宾句。例如：

⑩ 哥哥送了我一本书。　←→哥哥把那一本书送给了我。

⑪ 张老师教过我们语法。←→张老师教过我们的语法课。

⑫ 大家都称她王妈妈。　←→大家都称她为王妈妈。

思考与练习二

一、将下列句子改写为双宾语句。

1. 这件衣服是她去年送给我的。

2. 同学们都称王老师为王妈妈。

3. 我知道什么时候开会了，我问了小张。

4. 这个秘密是莉莉告诉我的。

5. 他对我的称呼是姑姑。

6. 李教授是我的语法老师。

7. 这架钢琴，去年生日时妈妈送的。

8. 小李把所有的事情都告诉我了。

9. 桌上有一杯咖啡，他给了我。

10. 小李的那本《红楼梦》是小张送给他的。

二、将下列句子补充为完整的双宾语句。

1. 大卫问了 _____ 。

2. 生日时，妈妈送了 _____ 。

3. 姐姐的孩子叫 _____ 。

4. 张老师教 _____ 。

5. 小张借了 _____ 。

6. 李磊给 _____ 。

7. 小刘告诉了 _____ 。

8. 他总是很谦虚，称 _____ 。

9. 导师通知 _____ 。

10. 麦克还了 _____ 。

三、判断下列句子的正误，并改正错句。

1. 昨天他递了女朋友一束玫瑰花。

2. 今天张老师给我们教了二十个生词。

3. 你能不能送我再一个苹果？

4. 他昨天别借给我钱。

5. 大卫常常问语法问题向老师。

6. 明天她生日，我打算送她一份礼物。

7. 李华告诉给我张老师住院了。

8. 这件裙子他送我。

9. 大家都叫他"中国通"。

10. 他给我教了很多道理。

四、选择正确的答案填空。

1. 生日时，（　　），我很喜欢这个礼物。

　　A. 妈妈送给我一支钢笔　　　B. 我给妈妈送一支钢笔

  C. 一支钢笔妈妈送我的   D. 我送给妈妈一支钢笔

2. 课间，（ ）。

  A. 他对我问了好几个问题 B. 他问了好几个问题对我

  C. 他问了我好几个问题   D. 他问了好几个问题向我

3. 我说我饿了，（ ）。

  A. 妈妈给了我一个馒头   B. 妈妈递了给我一个馒头

  C. 妈妈递了我一个馒头   D. 妈妈给我一个馒头递了

4. 这节课没太听明白，（ ）？

  A. 几个问题能不能我问您 B. 能不能我问您几个问题

  C. 我能不能有几个问题问您 D. 我能不能问您几个问题

5. 我没有语法课本，（ ）。

  A. 他借了我一本   B. 他借我一本了

  C. 他借了给我一本   D. 他借一本给我

6. 他是我妈妈的弟弟，（ ）。

  A. 我叫给他舅舅   B. 他叫我舅舅

  C. 我叫舅舅他   D. 我叫他舅舅

五、举例说明你的母语或者熟悉的外语中与汉语双宾语句相对应的表达。

第三节　连谓句

  连谓句是指由连谓短语做谓语或者独立成句的特殊句式，由于其中的谓词性成分主要由动词性成分充当，因此也被称为"连动句"。

一、连谓句的基本格式

连谓句的基本格式是"（主语）+ 谓词性成分₁+ 谓词性成

分$_2$（＋谓词性成分$_3$……）"。例如：

① 我们来中国学习汉语。

② 爷爷听到这个消息很开心。

③ 妈妈下了班去超市买菜了。

④ （你／咱们）去故宫转转吧。

连谓句由两个或两个以上谓词性成分共同构成谓语，而且谓词性成分之间没有联合、主谓、动宾、状中、中补等结构关系[1]，也没有关联词[2]，它们共用一个主语，共同叙述、描写或说明这个主语。

二、连谓句的类型

根据连谓句中前后两个谓词性成分之间的语义关系，可将连谓句主要分为以下几类：

（一）具有承接关系的连谓句

前后两个谓词性成分所表示的事件先后或者连续发生，具有承接关系。后一个事件发生时，前一个事件已经结束。例如：

① 他在找笔写字。

② 她推开门跟我们打了个招呼。

③ 他拿起书包站起来走了出去。

---

[1]试比较下面的句子：

① 会议讨论并通过这项决议。　　（两个谓词性成分是联合关系）

② 他不来挺好。　　　　　　　　（两个谓词性成分是主谓关系）

③ 他说他不来。　　　　　　　　（两个谓词性成分是动宾关系）

④ 他不停地说话。　　　　　　　（两个谓词性成分是状中关系）

⑤ 他高兴得跳了起来。　　　　　（两个谓词性成分是中补关系）

[2]如果谓词性成分中有关联词，则构成了本书在第五章第一节中介绍的"紧缩复句"。例如：他一下班就去超市买菜了。

（二）具有目的关系的连谓句

后一个谓词性成分是前一个谓词性成分所表示事件的目的。例如：

④ 他去图书馆学习了。

⑤ 我们暑假去黄山旅游。

⑥ 妈妈明天来中国参加我的毕业典礼。

（三）具有因果、转折关系的连谓句

前后两个谓词性成分所表示的事件之间存在因果、转折关系。例如：

⑦ 他生病住院了。　　　　　　　　　（因果）

⑧ 哥哥知道了这个消息特别兴奋。　　（因果）

⑨ 他买了很多书都没看。　　　　　　（转折）

⑩ 他来中国三年还不懂汉语。　　　　（转折）

（四）表示伴随意义的连谓句

前一个谓词性成分是后一个谓词性成分的伴随状态，表示动作行为同时进行，中间可加"着"。例如：

⑪ 老师站着给我们上课。

⑫ 他听着歌走路呢。

⑬ 弟弟总是看着电视吃饭。

（五）表示正反两方面事实的连谓句

前一个谓词性成分是肯定形式，后一个谓词性成分是否定形式，但是二者表示的意思相同，是从正反两方面说明同一个事实。例如：

⑭ 他站在那里没动。

⑮ 张三闭着嘴巴不说话。

⑯ 你转过身去别理他。

（六）重动句（动词拷贝句）

该类连谓句中，同一个动词出现两次，前一次带宾语，后一次带补语。例如：

⑰ 他打篮球打得很好。

⑱ 他看电视看累了。

⑲ 她跳舞[1]跳得好极了。

（七）含有工具、方式的连谓句

前一个谓词性成分是后一个谓词性成分所表示事件的工具或方式。例如：

⑳ 班长每天坐公交车来上学。

㉑ 上书法课时，我们拿毛笔写字。

㉒ 他的病做手术治好了。

（八）"有"字连谓句

前一个谓词性成分含"有"，是第二个谓词性成分所表示事件的条件、原因等。[2]例如：

㉓ 他有资格教我们。

㉔ 哥哥有办法解决这个问题。

㉕ 他没有理由不参加今天的晚会。

三、连谓句的特点

第一，连谓句的两个或两个以上谓词性成分之间存在一定的语义关系，谓词性成分之间的顺序是固定的，不能够随意调换。

正如上面"连谓句的类型"中的例句所示，具有承接、因果关系的谓词性成分，按先后、因果顺序排列；表示工具、方

---

［1］动词是动宾结构的离合词时，情况相同。

［2］可参考本章第九节"'有'字句"中表示主观评价的"有"字句。

式、伴随状态的谓词性成分居前，表示目的的谓词性成分居后；如果两个谓词性成分从正反两方面对同一事件进行说明，一般否定性成分居后；重动句中，动宾短语居前，动补短语居后。

第二，连谓句中的状语一般放在第一个谓词性成分之前，或者放在句首。例如：

① 我今天不／没去学校上课。

② 你别去那家商店买东西。

③ 你快点出去看看。

④ 我曾经去他家找过他一趟。

⑤ 一会儿你去办公室拿一下材料。

⑥ 在他的指挥下，我自己开车回到了家。

第三，连谓句所表示的事件已经发生，一般是在句尾加上"了"，或者是在第二个谓词后加上"了"。例如：

⑦ 他去上海出差了。　　（*他去了上海出差。）

⑧ 他到超市买了些菜。　（*他到了超市买些菜。）

第四，连谓句中的动词可以都带上宾语，也可以是其中一个动词带上宾语，还可以都不带宾语。例如：

⑨ 我去医院看朋友。　　（两个动词都有宾语）

⑩ 你去找他。　　　　　（前一个动词没有宾语）

⑪ 我找他帮忙。　　　　（后一个动词没有宾语）

⑫ 你过来看一下。　　　（两个动词都没有宾语）

第五，有些连谓句中，前后两个动词共用同一个语义关涉对象（通常是受事），该成分要放在两个动词之间。如果表示已然，则"了"一般出现在前一个谓词性成分之后。例如：

⑬ 我做了点饭吃。

⑭ 他盖了几间房子住。

⑮ 你有钱花吗?

⑯ 你没有时间可以浪费了。

第六，连谓句中允许出现动词重叠式，但一般是后一个动词重叠。例如：

⑰ 你用钢笔试试。

⑱ 我明天去医院看看你。

⑲ 咱们回宿舍休息休息吧。

第七，连谓句中，主语大多表示施事，但也有表示受事的情况。例如：

⑳ 他被老师叫到办公室谈话了。

㉑ 这件衣服洗完晾起来了。

思考与练习三

一、将下列各组句子改写为一个连谓句。

1. 父亲倒了一杯酒。　　　父亲把酒喝了。

2. 他去医院了。　　　　　他看望朋友了。

3. 他正在皱眉头。　　　　他正在思考问题。

4. 我们骑自行车。　　　我们去。　　　我们春游。

5. 老师站着。　　　　　老师给我们讲课。

6. 他听音乐。　　　　　他听得很入迷。

7. 他喝酒了。　　　　　他喝醉了。

8. 他们俩经常聊天。　　他俩有了感情。

9. 玛丽参加唱歌比赛。　玛丽得了第一名。

10. 这孩子走了一段路。　他走累了。

11. 张老师在笑。　　　　张老师跟大家握了手。

113

12. 大卫来中国了。　　　　大卫在学习汉语。

13. 张三跳高。　　　　　　张三扭伤了脚。

14. 王芳去了欧洲。　　　　王芳上个月留学了。

15. 小李用毛笔。　　　　　小李写了两封信。

二、判断下列句子的正误，并改正错句。

1. 我去去医院看他。

2. 他笑了眯着眼睛。

3. 我去超市不买菜。

4. 他坐下来了吃一碗饭。

5. 他去了图书馆借书。

6. 我写作业用钢笔。

7. 他坐火车没去北京。

8. 我去上班坐地铁。

9. 我们去会议室讨论讨论吧。

10. 大家闭着嘴一句话也不说。

三、选择正确的答案填空。

1. 下列连谓句正确的是（　　）。

　　A. 他去欧洲过旅行　　　　　B. 我有问题要问老师

　　C. 他去了图书馆借书　　　　D. 妈妈去了商店买苹果

2. 下列句子中是连谓句的是（　　）。

　　A. 我有个问题想问你　　　　B. 这里有一间房子很漂亮

　　C. 他有一个妹妹在北京　　　D. 我喜欢笑

3. 下列句子中不是连谓句的是（　　）。

　　A. 他推开门走了出去　　　　B. 爸爸去国外出差了

　　C. 这件事感动了他，鼓舞了他　D. 大卫跳舞扭伤了脚

4. 下列否定式的连谓句中，错误的是（　　）。

　　A. 他昨天没有去学校上课　　　B. 你别去上海出差了

　　C. 她看电视没看累了　　　　　D. 他没有能力做好这件事

5. 因为起床起晚了，（　　）。

　　A. 他正跑着去学校　　　　　　B. 他正去学校跑着

　　C. 他正跑学校去　　　　　　　D. 他正跑去着学校

四、将下列词语组合成句子。

1. 机会　那位　他　没有　感谢　老师　一直

2. 船　我们　去了　坐　海南　上星期

3. 杯　吧　买　小卖铺　去　咖啡　你

4. 买　这么贵　她　现在　没有　化妆品　钱　的

5. 表演　给我们　节目　吧　一个　你　有机会

6. 筷子　一般　拿　用　我们　右手　都是

7. 参加　没有　晚会　今天的　他　有事

8. 了　他　拉开　出去　衣服　走　穿上　门

9. 我　看　昨天　去　一场电影　了　电影院

10. 自行车　老李　骑　都　每天　上班

五、举例说明你的母语或者熟悉的外语中与汉语连谓句相对应的表达。

第四节　兼 语 句

　　兼语句是指由兼语短语做谓语或者独立成句的特殊句式。兼语句中，一个动宾短语和一个主谓短语套叠在一起，动宾短语的"宾"与主谓短语的"主"为同一个成分。

一、兼语句的基本格式

　　兼语句的基本格式是"（主语＋）谓词性成分₁＋兼语＋谓

词性成分$_2$",其中"兼语"兼做前一个谓词性成分[1]的宾语和后一个谓词性成分的主语。例如：

① 张明很感谢王老师一直帮助自己。

② 请您保持安静。

二、兼语句的类型

根据兼语句中前一个谓词的语义类别，兼语句可分为以下几类：

（一）使令义兼语句

使令义兼语句的前一个谓词是具有使令意义的动词，常见的有"使、让、叫、派、托、请、请求、要求、命令、吩咐、号召、组织、动员、鼓励、促使、劝、催、邀请"等。前后两个谓词性成分之间常常存在目的关系。例如：

① 这件事使她很伤心。

② 他让我帮你。

③ 大卫请我吃了意大利面。

④ 学校组织我们去博物馆看了展览。

（二）选定义或称谓义兼语句

选定义或称谓义兼语句的前一个谓词是表示选定或者称谓意义的动词，如"选、认、收、当、称、叫"等，这类动词要求兼语后的谓词是"做、当、为、是"等。例如：

⑤ 大家都选小张做班长。

⑥ 张三认李阿姨当干妈。

⑦ 我们称黄河为"母亲河"。

⑧ 他当你是好哥们儿。

---

[1] 前一个谓词性成分一般为动词。

这类兼语句比较容易与双宾语句混淆，如果后面没有第二个谓词，则为双宾语句。例如：

⑨ 张三叫李阿姨干妈。

⑩ 我们称黄河"母亲河"。

（三）爱恨义兼语句

爱恨义兼语句的前一个谓词是表示喜欢、赞许、责怪、讨厌等主观情感的动词，常见的有"爱、恨、讨厌、嫌、感谢、怪、埋怨、夸、表扬、赞美、骂"等。前后两个谓词性成分之间常常存在因果关系。例如：

⑪ 她讨厌哥哥抽烟。

⑫ 老师表扬他学习努力。

⑬ 他埋怨我来晚了。

⑭ 老张骂儿子不孝顺。

（四）轮流义兼语句

轮流义兼语句的前一个谓词是表示轮流意义的动词，如"轮、该、到"等。"兼语"表示的人物需要按照次序完成某事。这类兼语句全句往往没有主语，是无主语兼语句的一种。例如：

⑮ 今天轮到你擦黑板了。

⑯ 轮到你休息了。

⑰ 明天该我值夜班了。

⑱ 到你上台了。

（五）其他兼语句

除了经常充当兼语句前一个动词的"使令义""选定义""称谓义""爱恨义""轮流义"动词，还有一些动词，它们并非经常出现在兼语句中，但是偶尔也充当兼语句前一个动词，主要包括"给予义""接送义"动词，以及"有"和"是"等。

1. 给予义兼语句

给予义兼语句的前一个动词是具有给予义的动词，如"给、借"等，全句主语往往是两个谓语性成分共同的受事。例如：

⑲ 这瓶水给你喝。

⑳ 我的伞借你用。

2. 接送义兼语句

接送义兼语句的前一个动词是具有接来、送走等意义的动词，如"接、送"等。例如：

㉑ 我接你来我们这儿玩几天。

㉒ 我送你回家。

3. 存在义兼语句

存在义兼语句的前一个谓词是"有"，可以表示"存在""领有"等意义 [1]。这类兼语句全句可以有主语，也可以没有。例如：

㉓ 教室里有两个同学在说话。

㉔ 我有个朋友会弹古筝。

㉕ 有人叫你。

4. 判断义兼语句

判断义兼语句的前一个谓词是"是"，一般表示对主语的强调。这类兼语句全句往往没有主语，是无主语兼语句的一种。例如：

㉖ 是朋友告诉了我这件事。

㉗ 是我们学校承办了这次会议。

---

[1]因为"领有"也可以理解为"存在"的一种，这里统称为存在义兼语句。

三、兼语句的特点

兼语句的特点十分明显，主要包括以下几个方面：

第一，从结构上看，动宾短语和主谓短语套叠在一起是兼语句的形式标志。例如：

① 他让你过来。

这句话中，动宾短语"让你"与主谓短语"你过来"套叠在一起，"你"是"让"的对象，是"过来"的主体。

第二，兼语句中有两个谓词，其中前一个谓词常常是具有使令义的动词，如"让、使、派、命令、强迫"等，但也有表示其他意义的，如"选定、称谓、爱恨、轮流、给予、接送、存在、判断"等。

第三，兼语句的两个谓词性成分之间，常常存在目的、因果或承接关系；或者后一个谓词性成分常常用来说明兼语"做什么"或者"怎么样"。例如：

② 我请你吃饭吧。　　　（"吃饭"是"请"的目的）

③ 我讨厌他太骄傲。　　（"骄傲"是"讨厌"的原因）

④ 昨天朋友送我回家了。（"送"和"回家"具有承接关系）

⑤ 我们选他当班长。　　（"当班长"说明兼语"做什么"）

⑥ 是他哥哥敲门。　　　（"敲门"说明兼语"做什么"）

⑦ 他有个妹妹很漂亮。　（"漂亮"说明兼语"怎么样"）

四、兼语句的否定形式

兼语句的否定形式主要取决于兼语句中的前一个谓词，前一个谓词不同，兼语句的否定形式就不同。

（一）实义兼语句的否定形式

实义兼语句是前一谓词为实义动词的兼语句，主要包括使令义兼语句、选定义兼语句、称谓义兼语句、爱恨义兼语句、给予义兼语句、接送义兼语句。其否定形式主要包括以下三种：

1. 用"没""没有"否定，主要否定事件或情况。例如：

① 他没有让小张来。

② 大家没嫌他话多。

③ 我们没有选他当班长。

④ 这瓶水没给他喝。

⑤ 我没有送她回家。

2. 用"不"否定，主要否定意愿。例如：

⑥ 他不让小张来。

⑦ 大家不嫌他话多。

⑧ 我们不选他当班长。

⑨ 这瓶水不给他喝。

⑩ 我不送她回家。

爱恨义兼语句中的"没（有）"和"不"可以放在前一个谓词前，也可以放在后一个谓词性成分前，但是二者否定的对象不同。例如：

⑪ 她没讨厌同屋邋遢。　　　　（否定兼语中的事实）

⑫ 她不讨厌同屋邋遢。　　　　（否定兼语句主语的态度）

⑬ 她嫌同屋没讲卫生。　　　　（否定兼语的过往行为）

⑭ 她嫌同屋不讲卫生。　　　　（否定兼语的常态行为）

3. 用"别""不要"否定，主要表示祈使、要求。例如：

⑮ 你别请他吃饭。

⑯ 你们别怪他狠心。

⑰ 别选他当班长。

⑱ 这瓶水别给他喝。

⑲ 别接她回家。

使令义兼语句中的"别""不要"可以放在前一个谓词前，也可以放在后一个谓词前，但二者否定的对象不同。例如：

⑳ 别让他来了。　　　　　（否定整个兼语结构）

㉑ 让他别来了。　　　　　（否定后一个动作行为）

㉒ 你别命令她离开。　　　（否定整个兼语结构）

㉓ 你命令她别离开。　　　（否定后一个动作行为）

（二）含"有"兼语句的否定形式

如果兼语句的前一个谓词是"有"字，其否定形式可分为以下两种：

1. 当兼语句的后一个谓词性成分是动词性成分时，可以在"有"前加"没"，也可以在后一个动词性成分前加"没有""没"或"不"。例如：

㉔ 他没有朋友在北京工作。

㉕ 我没有书放在小红家。

㉖ 他没有妹妹要学英语。

㉗ 他有个妹妹没有结婚。

㉘ 我有两个问题没解决。

㉙ 我有个叔叔不在国内。

2. 当兼语句的后一个谓词性成分是形容词性成分时，一般在形容词前加"不"；也可以在前一个谓词性成分前加"没有"，这种情况下，兼语往往含有量词短语"一＋量词""哪＋量词"或者"哪一＋量词"等，表示任指。例如：

121

㉚ 他有两个答案不正确。

㉛ 他有两个弟弟都不听话。

㉜ 她有一件衣服不合适。

㉝ 他没有一门 / 哪门 / 哪一门课及格。

㉞ 她没有一件 / 哪件 / 哪一件衣服合适。

㉟ 他没有一个 / 哪个 / 哪一个朋友可靠。

（三）无主语兼语句的否定形式

这里的"无主兼语句"并不是指省略了主语的兼语句，而是本来就没有主语的兼语句。如果句中的前一个谓词是"轮"，可在"轮"前加否定副词"没"进行否定；如果前一个谓词是"是"，可在"是"前加上否定副词"不"进行否定。例如：

㊱ 没轮到你表演。

㊲ 没到你发言呢。

㊳ 不是我想批评你！

㊴ 不是他做的饭。

五、兼语句与其他句式

（一）兼语句与主谓短语做宾语的句子

从形式上看，兼语句与主谓短语做宾语的形式是十分相似的，都是"（主语＋）谓词性成分₁＋名词性成分＋谓词性成分₂"。例如：

① 我请你来。　　　　　（兼语句）

② 我希望你来。　　　　（主谓短语做宾语的句子）

可以采取对比的方法区别这两类句子，它们的区别是：

1. 两个句子停顿的位置不同。兼语句中，停顿的位置在"兼语"后面,如"我请你-来"("-"表示停顿);主谓短语做宾语的句子中,停顿的位置在做宾语的主谓短语前面,如"我希望-你来"。

2. 在兼语句中,前一个谓词一般是具有使令、爱恨、选定等意义的动词,动词支配的对象是"兼语",如例①中"请"的宾语是"你"。而主谓短语做宾语的句子中,前一个谓词支配的对象往往是一个事件,如例②中"希望"的宾语是"你来"。

3. 兼语句的前一个谓词性成分和名词性成分之间不能加入其他成分,而主谓短语做宾语的句子中可以加入其他成分。例如:

③ * 我请明天你来。

④ * 我请仅仅你来。

⑤ 我希望明天你来。

⑥ 我希望仅仅你来。

（二）兼语句与其他句式的重合与套合

兼语句并不是孤立存在的一种句式,它与其他句式之间存在着很大的关系,兼语句与"是"字句、"有"字句的关系表现为句式的重合,兼语句与连谓句的关系体现在短语之间的套合。

有些兼语句同时属于"有"字句或"是"字句。例如:

⑦ 我有个妹妹在北京工作。

⑧ 是她拿走了你的手机。

有些兼语句包含着连谓短语,这种兼语句的后一个谓词性成分不是一个简单的谓词,而是由连谓短语充当,其基本格式是"兼语短语＋连谓短语";同样,在连谓句中也可以包含兼语短语,这种连谓句的基本格式是"连谓短语＋兼语短语"。

例如：

⑨ 我请他**去学校参加晚会**。（兼语句中包含连谓短语）

⑩ 我**去学校请他参加晚会**。（连谓句中包含兼语短语）

思考与练习四

一、用括号里的词将下列句子改写为兼语句。

1. 她对我说："打开窗户吧！"   （让）

2. 妈妈对我说："你去写作业。"   （叫）

3. 张三对李四说："您能帮我吗？"   （求）

4. 他讨厌同屋，是因为同屋吸烟。   （讨厌）

5. 大家都说："他是我们学习的榜样。"   （夸）

6. 他有一瓶水，我喝了那瓶水。   （给）

7. 他是我爸爸的弟弟，我的叔叔。   （称）

8. 到你了，你要上台演讲了。   （轮）

9. 他有个妹妹，他的妹妹在北京工作。   （有）

10. 昨天他借走了我的书。   （是）

二、判断下列句子的正误，并改正错句。

1. 我叫他没有买点心。

2. 他不有朋友喜欢游泳。

3. 他没有两个朋友在北京工作。

4. 我让他没有离开。

5. 不是刚才我们叫你。

6. 队长叫不要我去他那里。

7. 你请他没有来了。

8. 下午那个男生请大家吃饭。

9. 他们让我没有出院。

10. 这几个月我请他不做客。

11. 是他不救了我的命。

12. 他居然嫌妈妈长得不好看。

13. 他不要劝大家停下来。

14. 他请明天我们去长沙。

15. 他请我去他家参加晚宴了。

三、用括号里的词将下列兼语句改为否定形式。

1. 老师让大家打开课本。　　　　　　　　　　（不）

2. 妈妈叫你出去。　　　　　　　　　　　　　（没有）

3. 现在请你说话。　　　　　　　　　　　　　（别）

4. 这件事使我非常高兴。　　　　　　　　　　（不）

5. 请你把这本书放在桌子上。　　　　　　　　（不要）

6. 我喜欢他说话慢慢吞吞的。　　　　　　　　（不）

7. 你让他把书给我送过来吧。　　　　　　　　（别）

8. 我们都选了他当班长。　　　　　　　　　　（没有）

9. 我有一件衣服是在地摊儿上买的。　　　　　（没有）

10. 昨天是同学送我回家的。　　　　　　　　　（不）

四、选择正确的答案填空。

1. 下列句子中不是兼语句的是（　　）。

  A. 这件事让我看清了这个人　　　B. 我知道你不是坏人

  C. 我劝你好好想想　　　　　　　D. 他骂我不是个好人

2. 这道题我没听懂，（　　）。

  A. 您再请给我讲一遍　　　　　　B. 您请再给我讲一遍

  C. 请您再给我讲一遍　　　　　　D. 再您请给我讲一遍

3. 下列选项中，适合做"这件事情麻烦您了"后续兼语句的是（　　）。

  A. 请您接受我的感谢   B. 要求您接受我的感谢

  C. 希望您接受我的感谢   D. 要您接受我的感谢

4.（　　）听说这个宿舍着火啊！

  A. 没   B. 别   C. 不   D. 不要

5. 我这么做是为了（　　）你高兴。

  A. 让   B. 请   C. 给   D. 说

6. 你怎么能（　　）孩子一个人出去呢？

  A. 请   B. 叫   C. 使   D. 给

7. 他知道闹钟响了是（　　）他快点起床。

  A. 让   B. 请   C. 求   D. 被

8. 这个消息只会（　　）他更难过。

  A. 让   B. 请   C. 给   D. 对

9. "我 ＿＿ 他去广州出差"，不能构成兼语句的是（　　）。

  A. 让   B. 派   C. 和   D. 叫

10. 关于"昨天小明邀请我今天去他家吃饭"，下列错误的是（　　）。

  A. 是一个兼语句   B. 是一个连谓句

  C. 含有兼语短语   D. 含有连谓短语

五、将下列词语组合成句子。

1. 要来　明天　亲戚　有　我家　一个　串门

2. 让　这个　极了　我们　好消息　大家　兴奋

3. 很害怕　窗外的　这个　雷雨声　觉得　小女孩　让

4. 一段　这张　我　往事　想起了　旧照片　让　童年的

5. 叫　老李　去　打电话　现场　一趟　我们

6. 教育工作　一个月　实习生活　使我　对　新的　认识　的　有了

7. 话　眼泪　王平　流下了　使我　感动　的　得

8. 他　一个朋友　川菜馆　有　一家　新区　开了　在

9. 合格　的　一口气　考试　使　消息　他　终于　松了

10. 为　那个　让　操心　大人　他　总是　孩子

六、判断下列句子哪些属于兼语句。

1. 医生鼓励病人一定要勇敢。

2. 司机催我快上车。

3. 那件衬衫让我放在店里了。

4. 我认为这件事情不该这样办。

5. 父亲让我去银行取钱。

6. 他埋怨自己的父亲抛弃了家庭。

7. 妈妈非常讨厌爸爸吸烟。

8. 老师知道这件事不是你的错。

9. 他告诉我们你是从北京来的。

10. 我希望你来参加我的婚礼。

七、举例说明你的母语或者熟悉的外语中与汉语兼语句相对应的句子。

第五节　"把"字句

"把"字句是以含有介词"把"的介宾短语在谓语中心语前做状语的一种特殊句式。例如：

① 我把那些书拿走了。

② 那块石头把我绊倒了。

③ 她把张三感动得流下了泪。

"把"字句一般都具有处置义，主语对"把"字后面的宾语施加动作行为或影响，使宾语发生某种变化、产生某种结果或者呈现出某种状态。例①中，"我"对"那些书"施加了"拿"的动作；例②中，"那块石头"对"我"产生了"绊"的危害；例③中，"她"对"张三"产生了"（使）……感动"的影响。

一、"把"字句的基本格式

（一）一般格式

"把"字句的一般格式是"（施事＋）把＋受事＋谓语中心语＋其他成分"。例如：

① 张三把杯子打碎了。

② 把眼镜摘下来。

（二）特殊格式

除了上述"把"字句的一般格式，"把"字句还有一些特殊格式，主要包括"（受事／施事＋）把＋工具＋谓语中心语＋其他成分"及"（受事／相关事件＋）把＋施事＋谓语中心语＋其他成分"等。例如：

③ 这些骨头，把我的刀都砍坏了。

（受事＋把＋工具＋谓词性成分）

④ 他把刀砍坏了。

（施事＋把＋工具＋谓词性成分）

⑤ 一杯酒就把他喝醉了。

（受事＋把＋施事＋谓词性成分）

⑥ 看这些公式把张三看得眼晕。

（相关事件＋把＋施事＋谓词性成分）

例③中"骨头"是受事，"刀"是工具；例④中"他"是施事，"刀"是工具；例⑤中"一杯酒"是受事，"他"是施事；

例⑥中"看这些公式"是与"看得眼晕"相关的事件，"张三"是施事。上述例句中的主语均可以省略。

二、"把"字句的类型

根据功能的不同，"把"字句可分为动作行为产生某种结果、"把"的宾语状态发生改变、"把"的宾语位置或所有权发生改变，以及表示主观改变"把"的宾语等几种类型。例如：

① 医生把他的眼睛治好了。（动作行为产生了某种结果）

② 我要把水烧开。　　　　（动作行为产生了某种结果）

③ 他把窗户关上了。　　　（"把"的宾语状态发生改变）

④ 他已经把包装打开了。　（"把"的宾语状态发生改变）

⑤ 他把书放在桌子上了。　（"把"的宾语位置发生改变）

⑥ 我把书还给图书馆了。　（"把"的宾语位置发生改变）

⑦ 姐姐把礼物送给妹妹了。（"把"的宾语所有权发生改变）

⑧ 他把你当成了亲哥哥。　（主观上改变"把"的宾语）

⑨ 我把他看成了张三。　　（主观上改变"把"的宾语）

上面的例句中，例①和例②是动作行为产生了某种结果，"治"和"烧"的结果分别是"眼睛好"和"水开"；例③和例④是事物的状态发生了改变，"窗户"和"包装"的状态从其他状态分别变为了"关上"和"打开"；例⑤和例⑥中"书"的位置从其他处所改变为"在桌子上"和"回图书馆"，例⑦中"礼物"的所有权从"姐姐"变为了"妹妹"。

例⑧和例⑨看上去并没有使"把"的宾语发生改变，事实上，是说话人在主观上使其发生了改变，例⑧中的"你"和"他"本来不是"亲哥哥"和"张三"，但说话人在主观上，将其分别看成了"亲哥哥"和"张三"。

三、"把"字句的特点

（一）"把"字句的意义

"把"字句具有"处置、支配、影响"等意义，其谓语中心语能够影响到"把"后的宾语。因此，谓语中心语主要由动作行为动词充当，而能愿动词、关系动词、趋向动词、心理动词、感官动词、起始动词、判断动词、存现动词等一般不能充当"把"字句的谓语中心语。

（二）"把"字句的主语

1. "把"字句的主语一般是"施事"，是动作行为的发出者，也可能是"受事"或与谓语中心语相关的"事件"，可参见上述"把"字句的"特殊格式"。

2. 当"把"字句表示祈使义时，主语往往是第二人称，或者省略主语。例如：

① 你把门关上。

② 你们把生词写一写。

③ 把黑板擦干净。

（三）"把"字句中"把"的宾语

1. "把"字句中"把"的宾语一般是"受事"，但是也可能是"施事"或"工具"等，可参见上述"把"字句的"特殊格式"。

2. "把"字句中"把"的宾语一般是已知的、有定的人或者事物。例如：

④ 把妹妹叫醒。（＊把一个人叫醒。）

⑤ 把这件事处理一下。（＊把一件事处理一下。）

⑥ 他把那本书还了。（＊他把一本书还了。）

⑦ 把人叫醒。

⑧ 把事情处理一下。

⑨ 他把书还了。

例④⑤⑥中，"妹妹""这件事"和"那本书"是已知的、有定的，如果替换为未知的、无定的"一个人""一件事"和"一本书"，则句子不成立；例⑦⑧⑨中，"人""事情"和"书"虽然没有限定性成分，但是对于说话人和听话人双方来说，也都是已知的、有定的。

3. 介词"把"后的名词不宜理解为动词的宾语提前或"前置宾语"。这是因为有些"把"后的宾语不能移到动词的后面。例如：

⑩ 他把炉子生上了火。

⑪ 我们把教室后面摆了一排花儿。

例⑩中"生上"的宾语是"火"，不是"炉子"，"炉子"不能移到动词后做宾语；例⑪中"摆"的宾语是"一排花儿"，不是"教室后面"，"教室后面"不能移到动词后做宾语。

（四）"把"字句中的"其他成分"

"把"字句的谓语中心语一般不能单独出现，尤其是当谓语中心语是单音节动词时，其后一般要有其他成分，如宾语、补语、动态助词（"着""了"）或动词重叠式等。例如：

⑫ 他要把猫送人。　　　　　　（宾语）

⑬ 他把书放在桌子上。　　　　　（补语）[1]

⑭ 别把门开着。　　　　　　　（动态助词"着"）

⑮ 张丹把瓶子扔了。　　　　　（动态助词"了"）

---

[1]因为谓语中心语能够影响"把"后的宾语，所以，其后的补语往往和"把"后的宾语在语义上具有紧密的联系。例如：

①张三把杯子打碎了。　　②姐姐把衣服洗干净了。

这时，"碎"的语义指向"杯子"，是指"杯子碎"；"干净"的语义指向"衣服"，是指"衣服干净"。

⑯ 我们把衣服洗（一）洗。　　　（动词重叠式）

如果动词后没有其他成分，则动词前要有状语，或者该动词为双音节的中补型动词。例如：

⑰ 你别把事情到处说。　　　　（状语）

⑱ 你这样会把搜索范围扩大。　（中补型动词）

⑲ 我们很难把他说服。　　　　（中补型动词）

（五）"把"字句中状语的位置

"把"字句中，否定副词、能愿动词和时间词等其他状语，一般放在含"把"的介宾短语之前，而不能放在含"把"的介宾短语和谓语中心语之间。例如：

⑳ 他没把那本书还给我。

㉑ 他要把那本书还给我。

㉒ 他早上把那本书还给我了。

㉓ *他把那本书没还给我。

㉔ *他把那本书要还给我。

㉕ *他把那本书早上还给我了。

思考与练习五

一、判断下列说法的正误。

1. "把"字句中的主语一定是施事。　　　　　　　（　）

2. "把"字句中的主语一定是受事。　　　　　　　（　）

3. "把"字句中的主语一般是施事。　　　　　　　（　）

4. "把"字句中的主语一般是受事。　　　　　　　（　）

5. "把"后的宾语一般是受事宾语，且是不定指的。（　）

6. "把"后的宾语一般是受事宾语，且是定指的。　（　）

7．"把"字句的否定式一般是在"把"前加否定副词。（　　）

8．"把"字句中能愿动词做状语，应紧邻谓语中心语。（　　）

9．"把"字句的谓语中心语一般带有处置义。　　　（　　）

10．起始动词、能愿动词能做"把"字句的谓语中心语。（　　）

11．"把"字句中，单音节动词不能够单独做谓语。（　　）

12．中补型动词可以充当"把"字句的谓语中心语。（　　）

13．"把"的宾语与谓语中心语的补语往往有语义联系。（　　）

14．"把"字句一定是过去完成的事件。　　　　　（　　）

15．"我把东西没放进去"这句话正确。　　　　　（　　）

二、选择正确的答案填空。

1．下列句子中正确的是（　　）。

　　A．你别把它丢　　　　　　　B．你把它别丢

　　C．你把它别丢了　　　　　　D．你别把它丢了

2．"把"字句中，"把"后的宾语一般是（　　）。

　　A．施事　　B．受事　　C．与事　　D．没有语义上的限制

3．洪水把村子里的房子（　　）。

　　A．能冲倒　B．冲倒　　　C．冲倒了　D．没冲倒

4．"把"字句中，"把"后的宾语一般是（　　）。

　　A．无定的　　　　　　　　　B．有定的

　　C．不受限制的　　　　　　　D．不能受数量词语限制的

5．你（　　）把鞋子踢烂了。

　　A．别　　　B．没　　　C．没有　　D．千万

三、将句子后画横线的词语填到合适的位置上。

1．（A）把（B）这件衣服（C）放到（D）柜子里。　　请

2．（A）每个人（B）都要爱护环境，（C）要把生活垃圾（D）

到处扔。 <u>不</u>

3.（A）你怎么到现在（B）还（C）把作业（D）写完？ <u>没</u>

4.请问，（A）我（B）把这些材料（C）交给（D）谁呀？ <u>应该</u>

5.明天（A）是我的生日，（B）你（C）要（D）把女朋友带过来呀。 <u>一定</u>

6.我（A）把这些材料（B）都（C）带回家里（D）研究。 <u>想</u>

7.对不起，（A）我（B）把（C）你的字典（D）带回来。 <u>没有</u>

8.（A）你（B）把（C）它（D）撞坏了。 <u>别</u>

9.（A）你（B）一定（C）把房间（D）打扫干净。 <u>要</u>

10.工人们（A）把（B）石块（C）搬（D）到了广场上。 <u>昨天</u>

四、将下列词语组合成"把"字句。

1.几件 已经 把 我 卖出去 这 衣服 了

2.自行车 大风 一辆 吹倒 院子里的 把 了

3.把 他 信 那封 碎 了 撕

4.那群羊 李叔叔 山 赶 把 上了

5.昨天做好 把 我 忘 的 在宿舍 作业 了

6.王爷爷的 小姑娘 狗 咬伤 把 那个 了

7.这件事情 得 白了 都 愁 把 头发 她

8.把 他 那本书 没有 完 还 看

9.李老师　放在了　上　轻轻地　把　桌子　书

10.那辆　把　了　石头　街边的　汽车　撞飞

五、举例说明你的母语或者熟悉的外语中与汉语"把"字句相对应的句式。

第六节　"被"字句

"被"字句是以"被"为形式标记且能够表示被动的一种特殊句式。例如：

① 语法书被他弄丢了。

② 他被批评了。

③ 世界正在逐渐被人类所认识。

一、"被"字句的基本格式

（一）一般格式

"被"字句的一般格式是"受事＋被（＋施事）＋谓语中心语（＋其他成分）"，其中"被"字后面引进的施事可以省略。例如：

① 玻璃被（小王）打碎了。

② 教室的门被（老师）关上了。

③ 姐姐被（他的真心）感动了。

（二）特殊格式

"被"字句的谓语中心语前还可以加上"给"或"所"，构成"受事＋被＋施事＋给/所＋谓语中心语（＋其他成分）"

的格式,其中"给"一般用于口语,"所"一般用于书面语。例如:

④ 玻璃被小王给打碎了。

⑤ 教室的门被老师给关上了。

⑥ 姐姐被他的真心所感动。

要注意的是,在"被……给……"格式中,"被"可以换成口语化的"叫""让"等表示被动意义的词;"被……所……"格式中,"被"可以换成书面色彩较浓的"为"等表示被动意义的词。"被"字句中的"被"也可以替换为"叫""让""为"等表示被动意义的词,可称为广义的"被"字句。例如:

⑦ 玻璃叫小王给打碎了。

⑧ 教室的门让老师给关上了。

⑨ 姐姐为他的真心所感动。

二、"被"字句的特点

(一)"被"字句的意义

"被"字句往往表示某人或某事物遭受动作行为的影响而产生某种不太如意的结果。"被"字句的谓语中心语一般是能够支配或影响主语的及物动词,具有处置义,这种结果常常是具有消极意义的。但是,也有一些"被"字句具有中性色彩,甚至是具有积极意义的。例如:

① 窗户被他打开了。

② 小王今天被表扬了。

③ 小李被评为优秀毕业生了。

另外,"知道、看见、听见、碰见、理解"等不表示处置义的词语也可以充当"被"字句的谓语中心语。例如：

④ 这件事被他知道了。

⑤ 我们说的话被他听见了。

（二）"被"字句的主语

"被"字句的主语是受事，是受支配、影响或处置的对象，一般是有定的。但是不能认为主语是宾语前置，很多主语与动词后的宾语是领属关系，这时主语不能移到动词后做宾语。例如：

⑥ 他被自己养的狗咬伤了手。

⑦ 她被强烈的光刺伤了眼睛。

（三）"被"字句中"被"的宾语

"被"字句中"被"后的宾语是施事，是动作行为的发出者，可以出现，也可以不出现。如果施事出现，则"被"可以替换为"叫""让"等；如果施事不出现，则"被"不能够替换为"叫""让"等。例如：

⑧ 他的手被／叫／让狗咬了。

⑨ 他的手被咬了。

⑩ *他的手叫／让咬了。

（四）"被"字句中的"其他成分"

"被"字句中，谓语中心语之后常常有宾语、补语、动态助词（如"了""过"）等成分，但有时也允许存在单独的动词形式。例如：

⑪ 橘子被（张三）剥了皮。　　　　（宾语）

⑫ 橘子皮被（张三）剥掉了。　　　（结果补语）

⑬ 橘子皮被（张三）剥了下来。　　（趋向补语）

⑭ 橘子皮被（张三）剥了。　　　　　　　　（动态助词"了"）

⑮ 他被（张三）欺负过。　　　　　　　　　（动态助词"过"）

⑯ 你小心被打。　　　　　　　　　　　　　（单独动词）

⑰ 他总是被（老师）批评。　　　　　　　　（单独动词）

（五）"被"字句中状语的位置

"被"字句中，否定副词、能愿动词和时间词等一般放在"被"之前。例如：

⑱ 那些老房子没有被拆除。

⑲ 他可能被批评了。

⑳ 那些书昨天已经被我还给图书馆了。

三、"被"字句与"把"字句

作为特殊句式，"被"字句与"把"字句之间存在密切联系。"被"字句中，主语一般是受事，宾语一般是施事，谓语是表示处置的动作行为及处置的结果。"把"字句中，主语一般是施事，宾语一般是受事，谓语是表示处置的动作行为以及处置的结果。二者的基本格式密切相关：

"被"字句：受事＋被（＋施事）＋谓语中心语（＋其他成分）

"把"字句：（施事＋）把＋受事＋谓语中心语＋其他成分

"被"字句与"把"字句常常可以互相转换。但是，如上所述，"被"字句中的"其他成分"可以不出现，而且，并不是所有的"把"字句都能够转换为"被"字句，也不是所有的"被"字句都能转换为"把"字句。

第一，能够用于"被"字句的谓语中心语比用于"把"字句的谓语中心语多，如"知道、看见、听见、碰见、理解"等不含处置义的词可以用于"被"字句，却不能用于"把"字句。

例如：

　　① 他的秘密被我知道了。

　　② * 我把他的秘密知道了。

　　第二，表示祈使的"把"字句不能转换成"被"字句。例如：

　　③ 把这本书拿着。

　　④ 你把手机装起来吧。

　　此外，"被"字句中"被"后的施事可以省略，而同义的"把"字句则要在句首补充主语"某人"。[1] 例如：

　　⑤ 杯子被我摔碎了。 ←——→ 我把杯子摔碎了。

　　⑥ 黑板被擦了。　　 ←——→ 某人把黑板擦了。

四、"被"字句与被动句

　　在现代汉语中，表示被动的句子有两种：一种是带有介词"被"字等明显标志的被动句，即形式上的被动句；一种是在形式上没有特殊的标志，以整个句子表示被动，即意义上的被动句，也称为"无标记被动句"。例如：

　　① 房间打扫过了。

　　② 你的书放在桌子上了。

　　意义上的被动句与"被"字句的特点有很多相同之处，它们的主语一般都是受事，而且一般都是有定的人或事物；谓语中心语后面往往带有宾语、补语、动态助词等"其他成分"。

　　但是，被动句与"被"字句也存在一些区别。形式上的被动句主语可以是人或事物，"被"后的施事可以出现，也可以省略；而意义上的被动句主语一般是无生命的事物，施事一般不用说出。

---

　　[1] 不出现施事的"把"字句，一般是祈使句。例如：把黑板擦了。

而且，意义上的被动句一般可以转换成形式上的被动句，但是有些形式上的被动句却不能够转换成意义上的被动句。例如：

③ 房间被打扫过了。　　←→房间打扫过了。

④ 坑被他挖深了。　　　←→坑挖深了。

⑤ 他被人打了。　　　　←→*他打了。

思考与练习六

一、将下列句子改写为"被"字句。

1. 电脑装在行李箱里了。

2. 响声把小男孩儿吓了一跳。

3. 我把礼物送给姐姐了。

4. 他一个晚上就把这本小说看完了。

5. 这件事伤透了他的心。

6. 孩子们把他的房间弄乱了。

7. 大卫从飞机场把妈妈接了回来。

8. 他把那个蓝色杯子打破了。

9. 那件衣服我挂在衣柜里了。

10. 他把这件事情记下来了。

二、使用括号里的词语续写"被"字句。

1. 我的梳子＿＿＿＿＿＿＿＿＿＿＿。（她　借）

2. 小偷＿＿＿＿＿＿＿＿＿＿＿＿＿。（警察　抓）

3. 那个碗＿＿＿＿＿＿＿＿＿＿＿。（我　摔）

4. 她成绩不好，＿＿＿＿＿＿＿＿。（爸爸　批评）

5. 那个女孩儿落水了，现在＿＿＿＿。（已经　救）

6. 他工作严重失职，_____。（开除）

7. 小王特别容易相信别人，_____。（骗）

8. 我的书不见了，_____？（谁　拿）

9. 说话小点儿声，_____。（别人　听）

10. 妈妈生病了，_____。（医院）

三、选择正确的答案填空。

1. 天太冷了，我（　　）。

　　A. 被冻得直发抖　　　　　　B. 直发抖冻得

　　C. 直冻得发抖　　　　　　　D. 叫冻得直发抖

2. 对不起，那个盘子（　　）。

　　A. 不小心叫打碎了　　　　　B. 被我不小心打碎了

　　C. 不小心我打碎了　　　　　D. 我不小心被打碎了

3. 今天晚上，（　　）。

　　A. 这场电影被我感动了　　　B. 我感动了这场电影

　　C. 我被这场电影感动了　　　D. 我感动这场电影了

4. 我的行李（　　）。

　　A. 被妈妈拿到楼上了　　　　B. 妈妈楼上拿到了

　　C. 楼上妈妈拿到了　　　　　D. 妈妈拿在楼上了

5. 这些书籍很珍贵，（　　）。

　　A. 应该被保存得很好　　　　B. 被应该很好地保存

　　C. 被保存得应该很好　　　　D. 应该被很好地保存

6. （　　），大家都不吃里面的鱼了。

　　A. 听说河里被水污染　　　　B. 听说污染了河里的水

　　C. 听说河里的水被污染了　　D. 听说河里的水污染着

7. 文章写得不错，（   ）。

    A. 你把它发表了吧　　　　　B. 它被你发表了吧

    C. 它被你发表着吧　　　　　D. 你把它发表过吧

8. "书被小明借走了"不能变换为（   ）。

    A. 小明把书借走了　　　　　B. 书让小明借走了

    C. 书让小明给借走了　　　　D. 小明借书走了

9. "从前人们把鲸鱼当作鱼"能变换为（   ）。

    A. 从前鲸鱼让人们所当作鱼　B. 从前鲸鱼被人们当作鱼

    C. 从前鲸鱼叫人们所当作鱼　D. 从前人们当鲸鱼作鱼

10. "你把这件衣服拿着"可以转换为（   ）。

    A. 这件衣服被你拿着　　　　B. 这件衣服你拿着

    C. 这件衣服叫你拿着　　　　D. 这件衣服让你拿着

四、将下列词语组合成句子。

1. 撞　一块　他　大石头　的　头　了　被　伤

2. 他　送到　很厉害　了　病　被　得　医院

3. 这本书　已经　他　撕　被　破　了

4. 都　这个　感动　被　事迹　大家　所

5. 那位　被　送到　医院　老婆婆　路人　去了

6. 那辆　被　他　走　没有　骑　自行车

7. 学校　德语　教师　被　那个　学习　青年　派出国　去了

8. 张先生　不　应该　愿意　打扰　别人　被

9. 他新的　修　像　一样　那架　被　得　钢琴　废弃的

10. 广告牌　被　下来　那个　会　估计　拆

五、举例说明你的母语或者熟悉的外语中与汉语被动句（包括形式上的被动句与意义上的被动句）相对应的句式。

第七节　"比"字句

"比"字句是用"比"引出比较客体[1]，表示比较主体与比较客体之间存在差别的一种特殊句式。"比"字句中，"比"与比较客体可以用作状语，也可以充当补语的一部分。例如：

① 我的同桌比我跑得快。

② 我的同桌跑得比我快。

比较主体与比较客体合称为"比较对象"，比较对象之间能够进行比较，需要具有某种共同属性或特征等，这种共同的属性或特征等可称为"比较点"。例如，下面三个"比"字句的比较点均为"性格"：

③ 他（的）性格比我好。

④ 他比我（的）性格好。

⑤ 性格，他比我好。

一、"比"字句的特点

第一，含"比"的介宾短语做句中状语时，谓语可以由形容词或形容词短语、动词或动词短语等充当。例如：

① 他比你认真。　　　　　（形容词）

② 他比你认真得多。　　　（形容词短语）

③ 他比你担心。　　　　　（动词）

④ 他比你喜欢旅行。　　　（动词短语）

⑤ 你比他早到了半个小时。（动词短语）

当表示差距比较大时，"比"字句中一般不用"很""非常""十

---

[1] 比较客体也称为"比较基准"。

分""最"等程度副词，一般的表达方式是"比……得多""比……
多了"等；表示差距不大时，一般的表达方式为"比……一
些""比……（一）点儿"等。例如：

⑥ 张三比哥哥高得多。

⑦ 张三比哥哥高多了。

⑧ 张三比哥哥高一些。

⑨ 张三比哥哥高（一）点儿。

当补语是数量短语时，比较对象之间的差别是具体的。
例如：

⑩ 张三比哥哥矮两厘米。

⑪ 今天的气温比昨天低两度。

⑫ 这箱啤酒比那箱少两瓶。

⑬ 这栋楼比那栋高二十米。

第二，当谓语中心语是动词时，含"比"的介宾短语可以
做状语，也可以充当补语的一部分。例如：

⑭ 他比我跳得高。

⑮ 他比大卫长得帅。

⑯ 他跳得比我高。

⑰ 他长得比大卫帅。

但是，当谓语中心语是形容词时，含"比"的介宾短语只
能做状语，不能充当补语的一部分。例如：

⑱ 她比姐姐漂亮得多。

⑲ *她漂亮得比姐姐多。

第三，当"跟……（相）比""比起……来"引进比较客体，
并单独成句时，后一分句往往含有程度副词，其基本格式是"跟＋

B+（相）比 / 比起 B 来，A 更 / 比较 / 有点儿……"[1]。例如：

⑳ 跟哥哥(相)比 / 比起哥哥来，张三更 / 比较 / 有点儿老实。

㉑ 跟哥哥（相）比 / 比起哥哥来，张三更 / 比较喜欢游泳。

第四，"比"字句的否定表达，可以在"比"字前加上否定词"不"，可以省略"比"的同时用"没（有）"表示否定；可以用反义形容词来改写，也可以将两个比较对象互换位置。例如：

㉒ 张三不比哥哥高。　　（加否定词"不"）

㉓ 张三没（有）哥哥高。（用否定词"没 / 没有"替换）

㉔ 张三比哥哥矮。　　　（用反义形容词替换）

㉕ 哥哥比张三高。　　　（比较对象互换位置）

"张三比哥哥高"的四种否定表达，例㉒表示"张三不比哥哥更……"，不表示"哥哥比张三高"，有可能"一样高""差不多高"等；例㉓㉔㉕意义相似，表示"比不上……"。

二、特殊的"比"字句

（一）含有"更""还"的"比"字句

"更""还"等副词一般用在"比 + 宾语"之后，表示程度进一步加深，其后的谓语中心语一般是形容词、心理动词或能愿动词等。例如：

① 刘翔 1.89 米，姚明比刘翔更 / 还高。

② 他比哥哥更 / 还喜欢游泳。

③ 他比哥哥更 / 还愿意待在家里。

"姚明比刘翔更 / 还高"并不只是单纯地比较，还要求两

---

[1] 为了简洁，且便于叙述，本节用"A"表示比较主体，用"B"表示比较客体。

个比较对象"刘翔"和"姚明"都具备谓语中心语"高"的属性。如果"刘翔"和"姚明"中任何一个不具备这种属性，则句子不成立。例如：

④ *他 1.4 米，姚明比他更 / 还高。

"更""还"在用法上的差别主要在于，"更"可以不用在"比"字句中，单独表示比较，而"还"没有这种用法。例如：

⑤ 姚明更高。

⑥ *姚明还高。

（二）重动"比"字句

重动"比"字句是重动句与"比"字句的套用，其中重动句[1]的前一个动词可以省略。例如：

⑦ 他比我（踢）球踢得好。

⑧ 他（踢）球比我踢得好。

⑨ 他（踢）球踢得比我好。

含有离合词的重动"比"字句，与上述情况相同。例如：

⑩ 她比我（跳）舞跳得好。

⑪ 她（跳）舞比我跳得好。

⑫ 她（跳）舞跳得比我好。

（三）含有任指疑问代词的"比"字句

"比"后的比较对象是疑问代词时，往往表示任指，与副词"都"共现。例如：

⑬ 他比谁都懂事。

⑭ *他比谁懂事。

⑮ *他比谁更懂事。

---

[1] 可参见本章第三节"连谓句"。

（四）"A比B还B"式"比"字句

"A比B还B"是一种特殊的"比"字句，已经形成一个构式，其中"B"一般是带有明显褒贬意义或者具有突出特征的名词性成分。例如：

⑯ 我的侄女比天使还天使。

⑰ 姐姐简直比女神还女神。

⑱ 他（这样）比神经病还神经病。

三、"比"字句与比较句

现代汉语中，凡是用来表示比较的句子都叫作比较句。"比"字句只是其中比较常见的一种。除了"比"字句，还可以使用"不如""（没）有……""……形容词＋于……""跟/和/同/与/像……一样""最……""……形容词……数量补语""越来越"等表示比较。

（一）A不如B……

"不如"表示两个对象中，说明的是比较主体比不上比较客体，二者存在一定的差距。这种比较句主要有以下几种格式：

1.A+不如+B

该格式中加入"比较点"，可以位于句首，也可以位于比较主体之后。例如：

① 他不如你。

② 人品，他不如你。　　　（比较点位于句首）

③ 他人品不如你。　　　　（比较点位于比较主体之后）

④ 唱歌，他不如你。　　　（比较点位于句首）

⑤ 他唱歌不如你。　　　　（比较点位于比较主体之后）

2.A+不如+B+谓词性成分

句中的谓词性成分一般是具有积极意义的词语。例如：

⑥ 爸爸不如妈妈爱打扫卫生。

⑦ *爸爸不如妈妈爱浪费水。

⑧ 他不如姐姐认真。

⑨ *他不如姐姐马虎。

该格式中加入"比较点",可以位于句首,可以位于比较主体之后,也可以位于比较客体之后。例如:

⑩ 打球,他不如哥哥打得好。（比较点位于句首）

⑪ 他打球不如哥哥打得好。 （比较点位于比较主体之后）

⑫ 他不如哥哥打球打得好。 （比较点位于比较客体之后）

⑬ 学习,他不如姐姐认真。 （比较点位于句首）

⑭ 他学习不如姐姐认真。 （比较点位于比较主体之后）

⑮ 他不如姐姐学习认真。 （比较点位于比较客体之后）

（二）A（没）有 B……

"有"字句可以表示比较 [1],表示比较对象在某方面、某程度具有相似点,其否定形式是在"有"前加"没"。常用的格式是"A+（没）有 +B+（这么 / 那么）+ 形容词性成分 / 动词性成分"。例如:

⑯ 他有姐姐那么高了。

⑰ 他没有哥哥这么喜欢书法。

⑱ 小张没有小王跑得快。

⑲ 小张跑得没有小王快。

（三）A……于 B

"A……于 B"是书面色彩较浓的一种比较句,常用于书面语,其基本格式是"A+ 形容词 + 于 +B"。例如:

---

[1] "有"字句不仅可以表示比较,而且可以表示夸张和比喻。例如:这堆沙有小山那么高。可参见本章第九节"'有'字句"中表示比较的"有"字句。

⑳ 血浓于水。

㉑ 生命重于一切。

㉒ 他的得分远远高于其他选手。

"A+ 形容词＋于 +B"的否定形式是在形容词前加否定副词，即"A+ 否定副词＋形容词＋于 +B"。例如：

㉓ 温度没 / 别低于 10 摄氏度。

㉔ 他的水平并不高于其他选手。

（四）跟 / 与 / 和 / 同 / 像……一样 / 不一样

"跟 / 与 / 和 / 同 / 像……一样 / 不一样"用于比较句时，表示比较对象是否一样。这类比较句有几种不同的格式：

1.A+ 跟 / 与 / 和 / 同 / 像 +B+ 一样 / 不一样（＋谓词性成分）

这种格式的比较对象一般是同类人或事物，或者是具有可比性的人或事物 [1]。例如：

㉕ 他的书包跟你的一样 / 不一样。

㉖ 这件衣服的颜色与那件一样 / 不一样。

㉗ 他和我一样爱运动。

㉘ 这棵树同碗口一样粗。

㉙ 这个女孩像她妈妈一样漂亮。[2]

2. 复数比较对象＋一样 / 不一样（＋谓词性成分）

需要注意的是，这个格式中的主语应该是复数的，不能是单数的。例如：

---

[1]汉语中没有"比……（不）一样"的格式，只能说"跟 / 与 / 同……（不）一样"。"跟 / 和 / 同 / 与……一样"在句中既可以做状语，也可以做定语。例如：

①他跟你一样聪明。②我想要个跟那个一样的背包。

[2]"像……一样"不仅可以表示比较，而且可以表示夸张和比喻。例如：这堆沙像小山一样高。

149

㉚ 他们的爱好一样／不一样。

㉛ 他们十个人的国籍都一样／不一样。

㉜ 我们俩一样／不一样大。

㉝ 我们都一样喜欢这位明星。

（五）A 最……

汉语中，"最"也可以用于比较，表示某人或某事物的某种属性超过了同类的其他人或事物。例如：

㉞ 这件事情最重要。

㉟ 这件事情是最重要的。[1]

㊱ 这是最重要的事情。

表示比较的"最"字句的特点主要有：

1. "最"一般做状语，也可以充当定语或补语的一部分。例如：

㊲ 他最诚实。　　　　　（状语）

㊳ 他是最诚实的人。　　（定语的一部分）

㊴ 他说得最简洁。　　　（补语的一部分）

2. 含"最"的比较句，其否定形式一般是在"最"前加上"不是"，句尾加"的"。"最"作为补语的一部分时，"不是"也可以放在谓语中心语之前。例如：

㊵ 他不是最好的。

㊶ 他做得不是最好的。

㊷ 他不是做得最好的。

（六）A 越来越……

"越来越……"表示的是某人或者某事物随着时间的推移逐渐发生了变化。其基本格式是"某人或某事物＋越来越＋谓

---

[1] 如例㉟所示，含"最"的比较句常常与"是……的"句套用。

词性成分"。例如：

㊸ 她简直越来越漂亮了。

㊹ 我越来越喜欢你了。

㊺ 老人的身体越来越差。

㊻ 事情越来越复杂了。

㊼ 他跑得越来越快。

根据语义"越来越……"可以替换为"一天比一天""一年比一年"等。例如：

㊽ 我一天比一天喜欢你了。

㊾ 老人的身体一年比一年差。

（七）无标记比较句

与上述含有"比""更""不如""没有""跟……一样 /相比""最""越来越"等比较标记的比较句相比，基本格式为"A+形容词 +B（＋动词）+数量短语 [1]"的比较句没有比较标记，可称为"无标记比较句"。例如：

㊿ 哥哥大我七岁。

51 他高我二十厘米。

52 他早我毕业十多年。

思考与练习七

一、将下列句子改写为"比"字句。

1. 我二十岁，妹妹十一岁。

2. 姐姐长得很好看，妹妹长得更好看。

---

[1]与第二章"补语"中介绍的名词性成分可以做数量补语一样，这里的"数量短语"也可以由表示数量的名词性成分替代。例如：他只早我毕业几个月。

3. 他爱你，我更爱你。

4. 他没有你人品好。

5. 他原来很懒，他现在更懒。

6. 这支笔不如那支笔好用。

7. 这个女孩现在更漂亮了。

8. 这个孩子聪明，那个孩子更聪明。

9. 这里的孩子中，他最爱学习。

10. 他的作业多，我的非常少。

二、判断下列句子的正误，并改正错句。

1. 这条裙子比那条非常大。

2. 他跟我一样不都喜欢吃辣的。

3. 我的房间没有比你的房间大。

4. 这儿比哪儿最干净。

5. 他不如从前的身体了。

6. 他跟我相同喜欢吃香蕉。

7. 这件衣服的风格不跟那件一样。

8. 这些天以来，今天最冷。

9. 他跟我一样跑得快。

10. 我家乡的风俗比你们的不一样。

三、选用适当的词语填空。

更　　　比　　　最

1. 这架钢琴（　　）那架钢琴音色好。

2. 我们的生活比以前（　　）好了。

3. 这间屋（　　）那间明亮一些。

4. 妈妈织毛衣（　　）我织得快。

5. 在这些人中，他（　　）通情达理。

6. 山上的风景（　　）山下美。

7. 在运动项目中，我（　　）喜欢打篮球。

8. 相较于道听途说，我（　　）相信眼见为实。

9. 我喜欢跑步，我（　　）喜欢打篮球。

10. 他（　　）我高二十厘米。

四、选择正确的答案填空。

1. 玛丽非常努力，可是这次考试却（　　）。

    A. 比以前考得好　　　　　　B. 考得比我最差

    C. 没有我考得好　　　　　　D. 比我考得好

2. 我很喜欢在公园晨读，因为那儿（　　）。

    A. 没有哪儿安静　　　　　　B. 跟哪儿一样安静

    C. 比哪儿最安静　　　　　　D. 比哪儿都安静

3. 我们今天加班了，（　　）。

    A. 下班比平时晚了　　　　　B. 下班比平时不早

    C. 下班比平时最晚　　　　　D. 下班不平时晚

4. 这里比那里环境好，比那里（　　）。

    A. 更适合养老　　　　　　　B. 最适合养老

    C. 比较适合养老　　　　　　D. 很适合养老

5. 我的房间（　　）。

    A. 比妹妹的一米宽　　　　　B. 比妹妹一米宽

    C. 比妹妹宽一米　　　　　　D. 比妹妹的宽一米

6. 我（　　）。

    A. 打字比他打得不快多了　B. 我打字不比他打得快多了

    C. 打字比他慢多了　　　　D. 没比他快多了

7. 我们国家气候（　　）。

    A. 跟美国不一样　　　　　　B. 不跟美国一样

    C. 没跟美国一样　　　　　　D. 跟美国没一样

8. 两个动物相比较，（　　）。

    A. 乌龟没有兔子快跑　　　　B. 乌龟比兔子快跑

    C. 乌龟没有兔子跑得快　　　D. 乌龟没有比兔子跑得快

9. 这本书的内容还不错，（　　）。

    A. 比那本书强得最起码多　　B. 最起码比那本书强得多

    C. 比最起码那本书强得多　　D. 比那本最起码的书强得多

10. 我成绩虽然不是最好，但是（　　）。

    A. 没有比他也差　　　　　　B. 也不比他好

    C. 也不比他差　　　　　　　D. 不也比他差

五、将下列句子改写为其他类型的比较句。

1. 她比我爱说话。

2. 这个姑娘现在更漂亮了。

3. 我像哥哥一样努力。

4. 弟弟比哥哥矮。

5. 这次考试我考了 90 分，张三考了 89 分。

6. 她妈妈很漂亮，所以她也很漂亮。

7. 老年人总是比年轻人有经验。

8. 这孩子越来越懂事了。

9. 很多人不理解这件事，我也是如此。

10. 这些孩子中，他比其他孩子都懂事。

六、将下列句子改写为否定形式。

1. 我和他一样都会跳舞。

2. 姐姐比我更了解父母。

3. 这种花像那种花一样香。

4. 这个孩子和你一样能吃。

5. 他跑得像哥哥一样快。

6. 这家店的生意比以前好了。

7. 这间屋比那间大一些。

8. 我更喜欢上海。

9. 我最愿意帮助别人。

10. 这个孩子已经有他爸爸那么高了。

七、将下列词语组合成句子。

1. 我的　高　水平　玛丽　汉语　不比

2. 哥哥　弟弟　高　比　五厘米　长得

3. 比我　就业　哥哥　为　发愁　更

4. 没有　医生　那个　你　患者　关心　这么

5. 我们　的　了　一天　比　生活　一天　高　质量

6. 实际　很多　小　她　比　年龄　看起来

7. 的　得　高　夏天　气温　比　沈阳　上海　多

8. 不　他的　我的　一样　帽子　跟

9. 那么　不如　这个　职员　业务　熟悉　经理

10. 电视剧　好看　那部　没　这部　有

八、举例说明你的母语或者熟悉的外语中与汉语比较句相对应的句式。

第八节　存现句

存现句是表示某处存在、出现或者消失某人或某事物，主要是用来描写处所或景物的一种特殊句式。

一、存现句的基本格式

存现句由三段构成：前段是处所[1]，中段是存现动词[2]，后段是人或物。其基本格式是"处所+存现动词+人或事物"。例如：

① 墙上有/挂着一幅画。　　　　　（表存在）

② 教室里走出来几名学生。　　　　（表出现）

③ 动物园丢了一只老虎。　　　　　（表消失）

存现句的句首是表示处所的词语，如墙上、教室里、动物园；中段是表示存在、出现或者消失的动词性成分，如挂、走出来、丢；后段是存现宾语，说明某处存在、出现或消失的某人或某事物，如一幅画、几名学生、一只老虎。

二、存现句的类型

根据语义，存现句可分为存在句和隐现句。隐现句又可分为出现句和消失句。

（一）存在句

存在句是表示某处存在某人或某事物的句式，主要用于陈述某处存在人或事物，或者描写人或事物的存在状态。根据句

---

[1] 大多数语法著作只将某处所存在、出现或消失了某事物的句子认定为存现句，如黄伯荣和廖序东主编的《现代汉语》、邢福义和汪国胜主编的《现代汉语》、卢福波所著的《对外汉语实用教学语法》、沈阳和郭锐主编的《现代汉语》、施春宏所著的《汉语纲要（下册）》等。但是，李德津和程美珍编著的《外国人实用汉语语法》、孙德金所著的《汉语语法教程》、齐沪扬主编的《对外汉语教学语法》等文献，将某时存在、出现或消失了某事物的句子也认定为存现句，只是所举的例子并不多，我们列举如下：

①昨天发生了一件大事。（引自齐沪扬主编的《对外汉语教学语法》）

②前天我们那里刚搬进了几户人家。（引自李德津和程美珍编著的《外国人实用汉语语法》）

③刚才开过去一辆军车。（引自孙德金所著的《汉语语法教程》）

[2] 这里的"存现动词"指的是表示存现的动词性成分。

中存在动词的情况，可将存在句大致划分为：含"有"的存在句、含实义动词的存在句、含"是"的存在句和无动词的存在句等。

1. 含"有"的存在句

动词为"有"的存在句是一种特殊的存在句，其基本格式是"处所＋有＋人或事物"。这种句式是表示存在的一种最直接的表达形式。[1] 例如：

① 墙上有一幅画。

② 前面有一家超市。

③ 山脚下有个小村庄。

在"有"的后面加上"着"，可以表示抽象意义的存在、具有。例如：

④ 我们同学之间有着很深的感情。

⑤ 两个家族之间有着错综复杂的关系。

2. 含实义动词的存在句

实义动词与"着"或"了"可以构成存在句，其基本格式是"处所＋实义动词＋着/了＋人或事物"。可用于存在句中的实义动词主要包括"坐、站、睡、躺、住、停、放、挂、贴、摆、种、写、画"等。根据人或事物的存在形式，可将含实义动词的存在句分为静态存在句和动态存在句。

（1）静态存在句

静态存在句中，宾语一般是人或物，其存在方式是静态的。例如：

⑥ 台上坐着主席团。

⑦ 门口停了一辆车。

⑧ 桌上放了几本书。

---

［1］除了表示存在意义（即"某处存在什么"），含"有"的存在句一般不具有其他的意义。

（2）动态存在句

动态存在句中，宾语一般是事件，其存在方式是动态的。例如：

⑨ 戏台上演着京剧。

⑩ 会议室里开着会。

⑪ 这间教室今天上了三节课。

"着"和"了"一般可以互换，但也有不可以互换的情况。例如：

⑫ 桌子上放着 / 了几本书。

⑬ 草地上坐着 / 了几个人。

⑭ 屋里摆满了鲜花。

⑮ *屋里摆满着鲜花。

另外，实义动词和"有"可以出现在同一类存在句中，其基本格式是"处所＋实义动词＋有＋人或事物"。例如：

⑯ 墙上挂有一幅画。

⑰ 草地上坐有几个人。

3. 含"是"的存在句

动词为"是"的存在句也是一种特殊的存在句。其基本格式是"处所名词＋是＋人或事物"。例如：

⑱ 墙上是一幅画。

⑲ 前面是一片油菜花。

⑳ 桌子上是一本书。

㉑ 舞台上是"贵妃醉酒"。

4. 无动词的存在句

无动词的存在句一般为书面语，常在文学作品中出现，句中的数量短语一般不能省略，其基本格式是"处所名词＋数量短语＋人或事物"。例如：

㉒ 天上几朵白云。

㉓ 心中一阵波澜。

㉔ 眼前一片茫然。

㉕ 广场上一片混乱。

从理解的角度讲，可以认为上述句中隐含了一个表示存在的动词。例如：

㉖ 天上有（几朵）白云。

㉗ 天上是（几朵）白云。

㉘ 天上飘着（几朵）白云。

（二）隐现句

隐现句是表示某处出现或消失了某人或某事物的句式。基本格式是"处所＋隐现动词＋数量＋人或事物"。隐现句可分为出现句和消失句两类。

（1）出现句

出现句中的动词表示出现义，如"出现、发生、来、进、出、起、冒"等。例如：

㉙ 家里来了好几个亲戚。

㉚ 村里子发生了一件大事。

（2）消失句

消失句中的动词表示消失义，如"消失、走、跑、丢、掉、死"等。例如：

㉛ 我们班转走了两位同学。

㉜ 家里丢了一只小花猫。

三、存现句的特点

第一，存现句中表示处所的前段，一般由表示处所或方位的名词性成分充当。

第二，存现句中的动词可以由"有"或"是"充当，也可以由实义动词充当，但实义动词一般不能独立存在于存现句中，其后常常加助词"着""了"或者趋向补语、结果补语等。例如：

① 墙上挂着一幅画。

② 店里来了一位客人。

③ 楼上走下来一个人。

④ 家里跑丢一只猫。

第三，存现句中表示人或事物的后段，一般含有定语。[1]存在句的后段可以是不定指的，也可以是定指的；隐现句的后段通常是不定指的。例如：

⑤ 墙上挂着一幅画。　　　　　（存在句）

⑥ 床上躺着他的父亲。　　　　（存在句）

⑦ 楼上走下来一个人。　　　　（出现句）

⑧ *楼上走下来他的父亲。　　（出现句）

⑨ 我们班少了一名学生。　　　（消失句）

⑩ *我们班少了张三。　　　　（消失句）

专有名词做宾语时，也常常在前面加上"（一）个"。例如：

⑪ 班里有（一）个活雷锋。

第四，存现句的否定形式是在存现动词前加否定副词"没（有）"。否定形式中，宾语前不需要加数量短语或指示词修饰，动词后也不再需要加助词"着""了"。例如：

---

[1] 存现句"后段"中最常见的定语是数量短语，如果宾语前没有定语，句末通常要有"了"。例如：家里来客人了。

⑫桌子上没有书。

⑬桌子上没有放书。

⑭昨天我家里没来客人。

⑮*桌子上没有一本书。

⑯*桌子上没有放着书。

⑰*昨天我家里没来客人了。

四、存在句与"有"字句、"是"字句

"有"字句和"是"字句都可以表示存在，"有"字句、"是"字句均与存在句之间具有部分重合关系。表示存在的"有"字句与"是"字句的基本格式是"某处＋有/是＋某物"；含实义动词的存在句的基本格式是"某处＋动词＋着/了＋某物"；另外，实义动词与"有"可以出现在同一个存在句中。例如：

①墙上有两幅地图。　　　　　（存在）

②墙上是两幅地图。　　　　　（存在＋判断）

③墙上挂着/了两幅地图。　　（存在＋状态）

④墙上挂有两幅地图。　　（存在＋状态＋书面语体）

从上面几个句子可以看出，含"有"的存在句是表示存在的一种最直接的方式，除了表示"某处有什么"这种存在意义之外，一般不含有其他的意义，其他的存在句都可以改写为表示存在的"有"字句；含"是"的存在句中存在的事物一般是确定的、唯一的，或者说话人唯一强调的，"有"字句中存在的事物也可以是不确定的、非唯一的。[1]与上述两类存在句相比，

---

[1]含"是"的存在句，可以表示存在，但一般不表示消失；而含"有"的存在句，不但可以表示存在，还可以用否定形式表示消失，只是这种句子的可接受性不够强。例如：

①？家里没有了一只狗。　　②？柜子里没有了一件衣服。

含实义动词的存在句能够呈现出人或事物存在的状态,其中,"V着"型存在句一般强调静态持续或者动态进行,"V了"型存在句强调事件已经完成或者事件完成后呈现出来的存在状态,"V有"型存在句可以呈现出人或事物存在的状态,一般用于书面语中。

五、"V着"型存在句的歧义现象

含实义动词的存在句中,"V着"型存在句可分为静态存在句和动态存在句两种。运用变换分析法,静态存在句可以变换为"某人或某物+动词+在+处所",句中的"动词+着"的意义大致相当于"存在"。例如:

① 台上坐着主席团。←→主席团坐在台上。

② 门口停着一辆车。←→一辆车停在门口。

③ 桌上放着几本书。←→几本书放在桌上。

动态存在句可以变换为"处所+正在+动词+某事件",句中的"动词+着"的意义表示某种动作行为正在进行。例如:

④ 戏台上演着京剧。←→戏台上正在演京剧。

⑤ 会议室里开着会。←→会议室里正在开会。

⑥ 教室里上着课。 ←→教室里正在上课。

有些存在句中既可以理解为静态存在句,也可以理解为动态存在句,会产生歧义,可称为"歧义存在句"。例如:

⑦ 山上架着炮。

⑧ 房间里生着火。

⑨ 客厅里摆着酒席。

这些歧义存在句中的"架、生、摆"等动词与动态助词"着"

结合后，既可以表示正在进行的动作行为，也可以表示正在持续的状态。这种歧义现象可以用变换分析法消除，也就是说，变换分析法能够区分静态存在句和动态存在句。上述歧义存在句可以分别变换为表示静态或动态的其他句式。

⑩ 炮架在山上（呢）。　　　　（静态）

⑪ 火生在房间里（呢）。　　　（静态）

⑫ 酒席摆在客厅里（呢）。　　（静态）

⑬ 山上正在架炮（呢）。　　　（动态）

⑭ 房间里正在生火（呢）。　　（动态）

⑮ 客厅里正在摆酒席（呢）。　（动态）

思考与练习八

一、将下列句子改写为存现句。

1. 一架飞机从屋顶上飞了过去。

2. 一只鸡从鸡窝里跑出来了。

3. 有一件衣服从楼上掉下来了。

4. 一条狗从楼上跳了下来。

5. 正在下雨呢。

6. 一辆车停在门口。

7. 有一幅画挂在墙上。

8. 一位老大爷从屋里走了出来。

9. 有好几个人在会议室里坐着。

10. 放在桌子上的是一本书。

二、用变换分析法分析下列存在句。

1. 戏台上放着很多鲜花。

2. 她衣服上别着一枚胸针。

3. 戏台上演着京剧。

4. 教室里上着课。

5. 走廊上挂着几幅画。

6. 炉子上熬着粥。

7. 床上躺着一个人。

8. 山上架着炮。

9. 屋里摆着酒席。

10. 房间里生着火。

三、指出下列存现句的类型（存在句、出现句、消失句）。

1. 书架上摆着很多书。

2. 马路对面走过来一位漂亮的姑娘。

3. 我们宿舍丢了一个箱子。

4. 班里有十九位学生。

5. 动物园里跑出来一头狮子。

6. 屋里少了一个人。

7. 书包里塞满了课本。

8. 昨天班里走了好几个人。

9. 舞台上演着川剧"变脸"呢。

10. 脸上起了一个包。

四、判断下列句子的正误，并改正错句。

1. 教室里跑出来一个帅气的男孩儿。

2. 村里丢了一头牛。

3. 家里来了客人。

4. 我们班来新同学。

5. 天上飞过去鸟。

6. 天空中有出现了一道光。

7. 前面走有一位英俊的少年。

8. 床上躺着他的父亲。

9. 楼上走下来张老师。

10. 教室后面挂一张世界地图。

五、使用适当的动词填空。

1. 玛丽的脖子上（　　）着一条围巾，头上（　　）着一顶红色的帽子，（　　）着一件黑色的外套。她站在一张宣传画的附近，上面（　　）着几个大字："我爱中国"。

2. 客厅中间的桌子上（　　）着一台电视机，电视机旁边（　　）着一个大花瓶，花瓶里（　　）着漂亮的鲜花。墙上（　　）着一幅画儿，上面（　　）着一个（　　）着帽子的小姑娘（　　）在一张竹椅上。

六、举例说明你的母语或者熟悉的外语中与汉语存现句相对应的句式。

第九节　"有"字句

"有"字句是指以动词"有"做谓语中心语，表示存在、领有、包含、列举、比较、变化、主观评价等意义的句子。例如：

① 这里有一架钢琴。　　　　　　（存在）

② 我有一个哥哥。　　　　　　　（领有）

③ 这种包子里有牛肉　　　　　　（包含）

④ 一天有二十四小时。　　　　　（等同）

⑤ 面食有包子、馒头、面条等。（列举）

⑥ 那个孩子有你这么高。　　　　（比较）

⑦ 他的表现有了很大的变化。　　（变化）

⑧ 这位同学特别有礼貌。　　　　（评价）

一、"有"字句的类型

根据"有"字句的意义，可将其分为几种不同的类型。

（一）表示存在

"有"字句可以表示存在，含"有"存在句的基本格式是"处所＋有＋人或事物"。例如：

① 树上有一只鸟。

② 屋里有好几个人。

③ 周围有很多饭店。

（二）表示领有

"有"字句可以表示领属，即前者拥有后者，或后者属于前者。例如：

④ 我有一个妹妹。

⑤ 张三有台苹果电脑。

⑥ 他有睡前读书的习惯。

（三）表示包含

"有"字句可以表示"包含"，即前者含有后者。例如：

⑦ 这篇文章有三个错别字。

⑧ 这套房子有三室两厅。

⑨ 一个星期有两个休息日。

（四）表示等同

"有"字句可以表示"等同"，即前者等于后者，二者往往具有总分关系。例如：

⑩ 这篇文章有八千个字。

⑪ 这套房子有三室两厅一厨一卫。

⑫ 一个星期有七天。

（五）表示列举

"有"字句可以表示列举，"有"后面的宾语往往是由两个以上的同类成分构成的联合短语。例如：

⑬ 这些花有红的、蓝的、粉的、白的。

⑭ 这些同学有学文学的、学历史的、学法学的、学数学的。

⑮ 主食有米饭、馒头、面条。

（六）表示比较

"有"字句可以表示比较，用"有"引进比较客体，与主语表示的比较主体进行比较，其基本格式是"A 有 B（这么/那么）……"。例如：

⑯ 这间房子有七十平方米。

⑰ 那个孩子有你这么高。

⑱ 那条蛇有碗口那么粗。

此外，"有"字句还可以表示夸张和比喻，一般不用否定形式。例如：

⑲ 那堆沙有小山那么高。

⑳ ？那堆沙没有小山那么高。

（七）表示变化

"有"的后面可以带上一些具有变化、发展意义的双音节动词做宾语，如"变化、改变、发展、提高、改善、改进、好转、突破、进步、进展、增长、下降"等，共同构成"有 ＋（定语）＋ 动词"

的格式，表示变化性情况的出现或发生，或者对将来情况的预测或说明。例如：

㉑ 石油价格最近有（一些／小幅度的）变化。

㉒ 经过治疗，他的病情有了（明显的）好转。

㉓ 你的成绩一定会有（大幅度的）提高。

㉔ 我们的研究将会有（突破性的）进展。

该格式多用于书面语，前面常有形容词性成分或者表示不确定数量的词语做定语，表示不同程度或者不同性质的变化；后面一般不再加宾语、补语等，也不能表示确切的变化。

（八）表示主观评价

"有"后面可以带上一些抽象的名词做宾语，如"能力、素质、本事、本领、主意、办法、眼光、才华、涵养、魄力、礼貌"等，表示对人的主观评价。这时，"有"的前面往往可以用程度副词修饰。例如：

㉕ 他很有能力，大家都选他当班长。

㉖ 这个人非常有办法。

㉗ 她挺有眼光的，她的衣服都很漂亮。

二、"有"字句的特点

第一，"有"字句的否定形式一般是在"有"之前加上"没"，或者将"有"替换为"没"，不能说"不有"。[1] 例如：

① 这里没有你要找的人。

② 我们没有他这样的朋友。

---

[1] 表示列举、等同等意义的"有"字句，可以借助"是"字句的否定形式进行否定。例如：①（这里的）面食不是包子、馒头、面条等。②一年不是三百六十天。

③ 包子里没肉。

④ 我弟弟没有你这么高。

⑤ 他没有任何变化。

⑥ 我们都没有办法。

表示存在、领有的"有"字句，其否定形式中，"没有"后面的宾语往往是不定指的，不用数量短语修饰，或者用"一＋量词"修饰，表示任指。例如：

⑦ 树上没有（一只）鸟。

⑧ 屋里没有（一个）人。

⑨ 周围没有（一家）饭店。

第二，"有"的前面允许出现修饰、限定性成分。例如：

⑩ 我真的有一个哥哥。

⑪ 那里好像有一座石像。

⑫ 这里五点以后有演出。

三、"有"字句及其他相关句式

"有"字句除了与存在句具有部分重合关系以外，还与其他句式之间存在联系，如兼语句、连谓句、比较句等。

（一）"有"字句与兼语句、连谓句

"有"字句表示领有、存在时，常常与兼语句具有重合关系，其基本格式是"主语＋有＋兼语＋谓词性成分"。例如：

① 他有个妹妹在北京工作。

② 我有个书包特别漂亮。

③ 山上有只羊跑下来了。

④ 那儿有个学校特别有名。

"有"字句表示主观评价时，常常与连谓句具有重合关系，其基本格式是"主语＋谓词性成分$_1$＋谓词性成分$_2$"，其中"谓词性成分$_1$"由"有"及其宾语构成，共同表示主观评价。例如：

⑤ 他有能力指导我们。

⑥ 我们有办法解决这个问题。

（二）"有"字句与比较句

"有……这么 / 那么……"句式表示比较，如果"有"后面的宾语是简单的名词或者短语，这时"有"字句往往可以变换为含有"跟 / 与 / 和 / 同 / 像……一样"的句子。例如：

⑦ 张三有他哥哥这么 / 那么高。

⑧ 张三跟 / 和 / 同 / 与 / 像他哥哥一样高。

但是，当"有"后面为数量短语时，则不能改写为含有"跟 / 与 / 和 / 同 / 像……一样"的句子。例如：

⑨ 张三有一米九那么高。

⑩ *张三跟 / 和 / 同 / 与 / 像一米九一样高。

表示比较的"有"字句，其否定形式是在"有"之前加上"没"或者用"没"替换"有"，意义相当于"不如""比不上"。例如：

⑪ 张三没 / 没有他哥哥那么高。

⑫ 这间屋子没 / 没有那间干净。

⑬ 张三不如 / 比不上他哥哥那么高。

⑭ 这间屋子不如 / 比不上那间干净。

思考与练习九

一、将下列句子改写为"有"字句。

1. 门口站着一个人。

2. 这箱苹果大概三十斤重。

3. 小明跟你一样高。

4. 他有个妹妹，她的名字叫张丹。

5. 桌子上摆着很多好看的盘子。

6. 我们班的一位同学退学了。

7. 屋顶上飞过去了一架飞机。

8. 爸爸的朋友给我介绍了工作。

9. 这个袋子里是妈妈带给我的特产。

10. 那些人中的一位是他的舅舅。

11. 这块肉的重量是五斤。

12. 床上躺着一位白发苍苍的老人。

13. 政治的、地理的、历史的书都在四楼。

14. 山上跑下来一只羊。

15. 这棵树跟两层楼一样高。

二、将下列句子改写为"没有"句。

1. 莉莉和露西那两个人中，露西更漂亮。

2. 张小凡的身高不到一米八。

3. 弟弟略矮一些，不跟哥哥一样高。

4. 张三家的孩子不像你这么懂事。

5. 这家餐厅的环境不如那家好。

6. 那本书不如这本吸引人。

7. 张三性格不太好，李四性格很好。

8. 你比这个女明星漂亮。

9. 他只有一个妹妹，她不在北京工作。

10. 这本书上找不到我需要的论文。

三、判断下列句子的正误，并改正错句。

1. 他有六十公斤一样重。

2. 篮球队里有了一个队员走了。

3. 舞台上站着有很多人。

4. 屋子里有着很多人在织毛衣。

5. 这条绳子有两米差不多长。

6. 教室里有一个学生在写作业。

7. 门外有小红在敲门。

8. 张丹没有个妹妹在北京工作。

9. 我没有比他高。

10. 小明不像他哥哥一样矮。

四、选择正确的答案填空。

1. 那座雕像很重，（　　）。

    A. 足足有三百斤重　　　　　B. 足足重有三百斤

    C. 有三百斤足足重　　　　　D. 重足足有三百斤

2. 这个人很难对付，（　　）？

    A. 你有礼貌吗　　　　　　　B. 你有才华吗

    C. 你有办法吗　　　　　　　D. 你有进步吗

3. （　　），还是派他上场吧。

    A. 小明打球打得不如我　　　B. 小明打球不比我打得好

    C. 小明打球比我打得不好　　D. 我打球没有小明打得好

4. 张三高 1.75 米，李四高 1.78 米，（　　）。

    A. 李四没有张三高　　　　　B. 李四没有比张三高

    C. 张三没有李四高　　　　　D. 张三不比李四低

5. 今年的收入（　　），比去年多挣了两万元。

　　A. 有了一定的降低　　　　　　B. 有了一定的提高

　　C. 有了一定的发展　　　　　　D. 有了一定的升高

6. 这件衣服很漂亮，（　　）。

　　A. 你很有能力　　　　　　　　B. 你很有魄力

　　C. 你很有修养　　　　　　　　D. 你很有眼光

7. 这间屋子空荡荡的，（　　）。

　　A. 没有都什么　　　　　　　　B. 什么都没有

　　C. 什么都有　　　　　　　　　D. 没都有什么

8.（　　），我想应该是吃完了。

　　A. 瓶子里没有酱油了　　　　　B. 瓶子里的饮料没有了

　　C. 没有瓶子里的酱油了　　　　D. 瓶子里没有饮料了

五、选用适当的词语填空。

五十米　教养　五斤　提高　经验　能力　一米八　好转
三公里　眼光

1. 我相信小明有（　　）做好这件事情。

2. 这个孩子待人彬彬有礼，很有（　　）。

3. 这件衣服穿在你身上很漂亮，你真有（　　）。

4. 经过一段时间的治疗，病人的病情有了明显的（　　）。

5. 去他家的这条小路足足有（　　）那么长。

6. 这条鱼有（　　）重，够我们吃了。

7. 这座楼有（　　）高。

8. 今年的GDP（国民生产总值）有了很大的（　　）。

9. 这个男孩瘦瘦高高的，有（　　）。

10. 这个工作他从事已久，很有（　　）。

六、将下列词语组合成句子。

1. 在这里 一个 我 工作 好朋友 有
2. 明显的 操作 他的 有 提高 水平 了
3. 像样 件 连 的 都 家里 没有 家具
4. 银行 有 大堂经理 我 在 朋友 个 当
5. 有 田野 一只 狂奔 里 小牛 正在
6. 这条路 咖啡厅 的 环境 尽头 有 不错 的 一家
7. 物理书 书房里 我的 历史书 等等 有 地理书 政治书
8. 语文 这一年 很大 的 提高 有了 成绩 我的
9. 态度 的 最近 那个 有了 转变 听说 很大的 罪犯
10. 那个 西瓜 那么 我 觉得 没有 重

七、举例说明你的母语或者熟悉的外语中与汉语"有"字相对应的句式。

第十节 "在"字句

"在"字句是表示已知的人或事物存在的句子。例如：

① 张三在书房。

② 张三在书房看书。

一、"在"字句的分类

根据"在"的句法功能，"在"字句可分为两种：一种是"在＋宾语"做谓语，一种是"在＋宾语"做状语。

（一）"在＋宾语"做谓语

这类句子的基本格式是"人或事物＋在＋处所"，其中"在"是动词。例如：

① 哥哥在家里。

② 那本书在架子上。

③ 北京在中国，东京在日本。

（二）"在+宾语"做状语

这类句子的基本格式是"人或事物+在+处所+谓词性成分"，其中"在"是介词。例如：

④ 我在广场上等你。

⑤ 同学们在教室里上课。

⑥ 麦克在中国学了四年汉语。

二、"在"字句的特点

第一，"在"字句中，"在+宾语"既可以做谓语，也可以做状语。例如：

① 他在家里。

② 他在家里写作业。

例①中"在家里"是谓语，"在"是动词；例②中"在家里"是"写作业"的状语，"在"是介词。

第二，就意义而言，"在"字句虽然不属于存在句，却表示存在。与存在句不同的是，"在"字句的主语是人或事物，而存在句的主语则是处所。例如：

③ 那本书在书桌上。　　　　　（"在"字句）

④ 书桌上有一本书。　　　　　（含"有"的存在句）

⑤ 书桌上是一本书。　　　　　（含"是"的存在句）

⑥ 书桌上放着/了一本书。　　（含实义动词的存在句）

可以看出，"在"字句中，存在的人或事物一般是已知的、确定的；而存在句中，存在的人或事物往往是未知的、不确定的。

第三，"在"字句的否定形式是在"在"的前面加上否定副词"不"或者"没（有）"。例如：

⑦ 我不在家里。

⑧ 我不在家里吃午饭。

⑨ 他没（有）在宿舍。

⑩ 他没（有）在宿舍休息。

对于"在＋宾语"做状语的"在"字句而言，否定副词也可以放在"在＋宾语"的后面。例如：

⑪ 爸爸在家里不抽烟。

⑫ 他在教室没有捣乱。

第四，时间名词做状语，需要放在"在＋宾语"的前面或者句首，一般不放在"在＋宾语"之后。例如：

⑬ 我昨天在北京开会。

⑭ 昨天我在北京开会。

⑮ ＊我在北京昨天开会。

三、"在"字句与其他句式

"在"字句、"有"字句和"是"字句都可以表示存在的意义，即某处存在某人或者某物。这三种表示存在的句子之间可以相互变换改写。例如：

① 他在门外。　　←→门外有人。　　←→门外是他。

② 那本书在桌子上。←→桌子上有一本书。←→桌子上是一本书。

但是，三者又有所不同。从结构上看，"在"字句中表示"存在的人或事物"放在句首；与"是"字句和"有"字句的语序正好相反。它们的基本格式分别如下：

"在"字句：人或事物＋在＋处所。

"有／是"字句：处所＋有／是＋人或事物。

从意义上看，"在"字句表示已知的、确定的人或事物存在

于某处；"有"字句表示某处有什么，存在的人或事物一般是
不定的，也可以不是唯一的；"是"字句表示某个地方是什么，
存在的人或事物一般也是不定的，但却是唯一的或者说话人唯
一强调的。例如：

③（那本）书在桌子上。（"书"是已知的、确定的）

④桌子上是一本书。　（"书"是不定的、唯一的）

⑤桌子上有一本书。　（"书"是不定的，可以不是唯一的）

思考与练习十

一、将下列句子改写为"在"字句。

1. 院子里的那个孩子是我的弟弟。

2. 前面停着的是我的车。

3. 这里没有我要找的人。

4. 这儿没有我感兴趣的事。

5. 他书包里藏着那封信。

6. 电脑里面存着你需要的资料。

7. 他一直没有放弃心里的想法。

8. 桌子上是她精心准备的晚饭。

9. 门口有人找你。

10. 他手里拿的是我的手机。

二、给下列句子填上"是""有"或"在"。

1. 我们　大学生。

2. 他　宿舍。

3. 我父亲　医生。

4. 我们　汉语语法书。

5. 学校北边　一座公园。

6. 本子　老师那儿。

7. 银行　那边。

8. 她们　英国人。

9. 儿子快　爸爸高了。

10. 这里的水　两米多深。

三、判断下列句子的正误，并改正错句。

1. 默默的她在客厅里坐着等我。

2. 他在床上躺着看手机呢。

3. 他等你在前面的十字路口。

4. 那架钢琴在这里没摆放很久了。

5. 有个人在门口等了很长时间你。

6. 我们明天早上在动物园门口集合。

7. 在天空中自由地小鸟飞翔。

8. 我在图书馆昨天下午看书。

9. 床上在睡着张晓军。

10. 明天下午我在人民广场等你。

四、选用适当的词语填空。

有好几个学生　飞过去　在我生日　是我的好朋友

在操场上　在图书馆　在哪里　在办公室　在酒店　停着

1. 昨天下午我（　　）看书。

2. 他们的订婚仪式将（　　）举行。

3. 教室里（　　）在学习。

4. 天空中（　　）一架飞机。

5. 他（　　）那天送给了我一条围巾。

6. 张晓军正（　　）打篮球。

7. 门口（　　）一辆吉普车。

8. 这件衣服我好像（　　）见过似的。

9. 这个时间张老师应该（　　）。

10. 坐在我前面的（　　）。

五、将下列词语组合成句子。

1. 钢琴　时间　这架　放了　在这里　很长　了

2. 窗台上　个　小鸟　在　不停　叫　叽叽喳喳地

3. 别的　这件　在　很高　要价　商店里　衣服

4. 按照　不能　在　东西　吃　地铁里　规定

5. 我的　事情　没有　范围　这件　之内　在　完全　考虑

6. 狂风暴雨　在　鸟巢　下来　下　树上　了　的　从　吹打　掉

7. 就　我家　咖啡厅　对面　在　那家　的

8. 我　这里　你　在　小时　了　等了　两个

9. 妈妈　里　我们　做饭　厨房　给　在

10. 我的　出来　都在　一件　拿　没有　衣服　柜子里　也

六、举例说明你的母语或者熟悉的外语中与汉语"在"字句相对应的句式。

第十一节 "是"字句

汉语中的"是"使用频率很高，且具有多种含义。例如：

① 应该早做准备才是。

② 是可忍，孰不可忍？

③ 这本书是好，你可以看看。

④ 他是张三。

⑤ 他是一清二楚。

⑥ 他是在建房子。

⑦ 他没来是父亲病了。

例①~③中，"是"需要重读，分别做形容词、代词、副词等，表示"正确""这""的确"等。例④~⑦中，"是"有重读和非重读两种读法，在一般情况下不重读，表示判断；只有在判断的基础上进行确定，表示"的确是""确实是"等义的时候才重读，既具有判断意义，也具有强调意义。也就是说，"是"既可以做动词，也可以是动词与副词的扣合[1]。本节所论的"是"字句是指含有非重读的判断动词"是"的句子。

一、"是"字句的基本格式

从语表的组合形式上看，"是"的前后项在形式上可以是体词性成分、谓词性成分，也可以是主谓短语。根据"是"的前后项的形式类别，可将"是"字句分为以下四类：

（一）"是"的前后项均为体词性成分

① 《红楼梦》的作者是曹雪芹。

---

[1] "扣合"是指把相同的成分合在一起，使之为两个或两个以上的成分所共用。可参考邢福义所著的《汉语语法学》。

② 狐狸是一种狡猾的动物。

③ 这裤子是晴雯的针线。

④ 这小孩是黄头发。

⑤ 我们俩上次见面是2018年。

⑥ 第一次世界大战是欧洲的大萧条。

（二）"是"的前后项分别为体词性成分和非体词性成分

这类句子包括以下几种类型：

1.体词性成分＋是＋非体词性成分

（1）体词性成分＋是＋动词性成分

⑦ 他是帮自己，不是帮我。

⑧ 办法不是卖地。

⑨ 我们的任务是守卫大桥。

（2）体词性成分＋是＋形容词性成分

⑩ 我看你是有些傻。

⑪ 孩子们真是太快乐了。

⑫ 医务人员是真辛苦。

（3）体词性成分＋是＋主谓短语

⑬ 昨天是小张买了单。

⑭ 东边那场大火是因为有人违章作业了。

⑮ 老师的希望是学生都成为有用的人才。

2."非体词性成分＋是＋体词性成分"

（1）动词性成分＋是＋体词性成分

⑯ 做作业是他自己的事。

⑰ 卖地不是办法。

⑱ 守卫大桥是我们的任务。

（2）形容词性成分＋是＋体词性成分

⑲ 勤俭是我们的家训。

⑳ 严肃认真是好学风。

㉑ 诚实是一种美德。

（3）主谓短语＋是＋体词性成分

㉒ 小张进城是昨天。

㉓ 我喝酒是自己的钱。

（三）"是"的前后项均为非体词性成分

㉔ 打是疼，骂是爱。

㉕ 不喝酒就是不够朋友。

㉖ 你这样做就是支持我们。

㉗ 不表态就是同意。

㉘ 李大夫看这种病，是看一个好一个。

㉙ 小张没来上课是父亲病了。

㉚ 自行车倒了是孩子们的球砸中了它。

（四）"是"的后项为主谓短语

㉛ 是我疏忽了，请你原谅。

㉜ 是他拿走了那本书。

㉝ 是隔壁的孩子进院子里来捡球。

二、"是"字句表达的意义

从意义上看，"是"字句可以表示很多种意义，主要包括等同、种属、存在、领有、比喻、时间、空间、关系、角色、衣着、年龄、排行、费用（价值）、数量、活动、情状、评价、说明、承接、因果、目的、方式、工具等。当"是"的后项为体词性成分和当"是"的后项为其他成分时，表达的意义有所不同。

（一）"是"的后项是体词性成分

"是"的后项为体词性成分时，"是"的前后项之间的联系是多种多样的，常见的"是"字句能够表达等同、种属、存在和领有等语义。例如：

① 他是张三。　　　　　　　（等同）

② 鸟是动物。　　　　　　　（种属）

③ 桌子上是一本书。　　　　（存在）

④ 她是三个孩子的母亲。　　（领有）

除此之外，"是"字句还能够表达下面各种语义：

1. 比喻

"是"的前后项之间存在本体和喻体的关系。例如：

⑤ 兴趣是最好的老师。

⑥ 书籍是人类进步的阶梯。

⑦ 人是铁，饭是钢。

2. 时间

"是"的后项为前项发生的时间。例如：

⑧ 火车从北京开出是早上五点。

⑨ 我们上班时间是早晨七点半。

⑩ 他们相识是在战火纷飞的年代。

3. 空间

"是"的后项为前项存在的空间。例如：

⑪ 我们两个的村子，一个是河东，一个是河西。

⑫ 我们的房间在这儿，我是305，你是306。

⑬ 您是哪个铺？我是上铺。

4. 关系

"是"的后项为前项所表示的人物之间存在的关系。例如：

⑭ 我们是同学。

⑮ 李老师和金老师是同乡。

⑯ 李白和杜甫是诗友。

5. 角色

"是"的后项为前项所扮演的角色。例如：

⑰ 角色就这么定吧，你是林黛玉，她是薛宝钗。

⑱ 你是白毛女。

⑲ 你是小生，小华是花旦。

6. 衣着

"是"的后项为前项的衣着。例如：

⑳ 她今天是一身粉红，粉红连衣裙、粉红鞋子。

㉑ 他店里这些顾客，多是短衣。

㉒ 他不讲究，总是那一套中山装。

7. 年龄、排行

"是"的后项为前项的年龄或排行。例如：

㉓ 他是二十岁。

㉔ 他是老四。

8. 费用

"是"的后项为前项的费用或价值。例如：

㉕ 一份饺子是八块线。

㉖ 吃一顿涮羊肉也就是五六十块。

㉗ 从北京到武汉的火车票是两百元。

9. 数量

"是"的后项为前项的数目。例如：

㉘ 这首诗是八行。

㉙ 一见面，他照我的肩上就是一拳。

㉚ 接着，这个黑影对着那个黑影又是两枪。

（二）"是"的后项为其他成分

当"是"的后项为其他成分时，常常带有申辩的口气，表示人物的活动、情状，说话人的评价、说明，或者两个事件之间具有承接、因果、目的等关系。

1. 行为、活动

"是"的后项为前项的行为、活动。例如：

㉛ 他是在建房子。

㉜ 我们是看话剧，不是看电影。

㉝ 一路上，大家（是）有说有笑。

2. 性状、情态

"是"的后项为前项的性状、情态。例如：

㉞ 对这件事，他是一清二楚。

㉟ 他是健忘，不是懒惰。

3. 评价、说明

"是"的前后项具有解说关系。例如：

㊱ 老李不说话是默认了你的做法。

㊲ "转换生成语法"是对结构主义语言学的革命。

4. 承接

"是"的前后项具有承接关系。例如：

㊳ 天阴是要下雨了。

㊴ 树叶落了是要化为泥土，继续护花。

5. 因果

"是"的前后项具有因果关系。例如：

㊵ 他没来是父亲病了。

㊶ 全城停电是东边那场大火。

㊷ 剑云的脸色变红了，这不是因为羞愧，这是由于他的诚挚、兴奋的谈话。

6. 目的

"是"的后项为前项的目的。例如：

㊸ 他来中国是（为了）学习汉语。

㊹ 战士们上山砍柴是帮助乡亲们。

㊺ 开这个会不是走走形式，是要真正解决问题。

7. 方式、工具

"是"的后项为前项的方式或工具。例如：

㊻ 他们学习英语是通过电视。

㊼ 中国人吃饭是用筷子。

㊽ 以前是手提肩挑，现在是水运陆运一起上。

从使用频率看，对等同和种属关系的判断最高，且"是"在语表占据了句中核心动词的句法位置，所以，语言使用者常误以为"是"可以表示"等同"或"属于"。如果这样，"是"也应该可以表示"存在""领有"，甚至"扮演""吃""选"等[1]，就赋予了"是"过多的责任，使之成为一个万能的动词，这是不可取的。

因此，"是"是对其前项和后项之间的各种关系进行判断，"是"的用法应该统一起来。所有"是"字句均可以分析为表

---

[1] "是"可以存在于"扮演""吃""选"等实义动词本来的位置，可举例如下：

① 他是诸葛亮。　　　　　　　　（在分配角色的情境中）

② 我是炸酱面。　　　　　　　　（在点食物的情境中）

③ 我是（选）张三，不想选李四。（在选举的情境中）

示判断的提升动词[1]"是"和它的前后项组成的补足语子句,"是"字句中含有指称性或述谓性的各种前后项之间,或存在单句成分之间的主宾关系、主谓关系,或存在复句关系。具体列表如下:

表4—1 "是"的前后项之间的语义关系

前后项之间的关系		例 句
单句关系	主宾关系	我是炸酱面。
	主谓关系	他是在建房子。
		对这件事,他是一清二楚。
复句关系		他没来是父亲病了。

三、"是"的焦点标记作用

在语用方面,"是"具有标记焦点的作用,因而,"是"的后面一般是句子的焦点信息。有的句子可以变换成不同的"是"字句,在交际中,"是"字句可以适当地调整,以适合交际需要。例如:

① 墙上挂着的是齐白石的作品。

② 墙上是挂着齐白石的作品。

③ 齐白石的作品是挂在墙上。

④ 齐白石的作品是在墙上挂着。

四、"是"字句与其他句式

现代汉语中绝大多数句子都可以变换为"是"字句。例如:

① 他把杯子摔破了。　　⟷　　他是摔破了杯子。

② 妹妹被他气哭了。　　⟷　　是他气哭了妹妹。

③ 墙上挂着一幅画。　　⟷　　墙上是(挂着)一幅画。

---

[1]提升动词(Raising Verb)是能够指引起从句主语提升移位到全句主语位置的动词,如汉语的"是""好像",英语的"be""seem"等。例如:

① 好像她非常开心。(It seems that she is very happy.)

② 她好像非常开心。(She seems very happy.)

④ 这件衣服比那件漂亮。 ⟷ 是这件衣服比那件漂亮。

⑤ 这里有一只猫。 ⟷ 这里是（有）一只猫。

⑥ 今天星期天。 ⟷ 今天是星期天。

思考与练习十一

一、将下列句子改写为"是"字句。

1. 我们选李明做学生会主席。

2. 爷爷每天早上六点起床。

3. 我觉得他放弃了这个念头。

4. 大卫的汉语说得真不错。

5. 张经理现在在会议室里。

6. 小林学习努力，非常刻苦。

7. 现在的生活大不如从前了。

8. 现在我们应该去上课了。

9. 我把那本书弄丢了。

10. 这个箱子比其他箱子重。

11. 他的那本《红楼梦》被我借走了。

12. 楼上那个房间没住人。

13. 我妈妈有两个女儿。

14. 我的书包在床上。

15. 屋里坐着一位白发苍苍的老太太。

二、判断下列句子的正误，并改正错句。

1. 这件事情是你暂时别告诉他。

2. 屋里面坐着是张明明。

3. 这件衣服是我买来送你的。

4. 我没有是去图书馆借书。

5. 他非常是不想放弃自己的工作。

6. 这个人是不是我们班的学生吗？

7. 她不是不爱他，否则也不会拒绝他的求婚。

8. 这些礼物没有一件不是他送我的。

9. 我被他是打败了。

10. 我是工作在北京。

三、选择正确的答案填空。

1. 张晓军的同桌现在（　　）我。

　　A. 是　　　　B. 在　　　　C. 有　　　　D. 没

2. 由"这件事情让我非常烦恼"改写的"是"字句错误的

是（　　）。

　　A. 这件事情是让我非常烦恼

　　B. 是这件事情让我非常烦恼

　　C. 这件事情让我非常是烦恼

　　D. 让我非常烦恼的是这件事情

3. "与网上比，是实体店的衣服比较贵"的同义句是（　　）。

　　A. 实体店的衣服比网上是贵

　　B. 实体店的衣服比网上贵

　　C. 实体店没有比网上的便宜

　　D. 实体店的衣服不如网上的贵

4. 爷爷说你的自行车丢了，（　　）？

　　A. 是不是真的吗　　　　　　B. 不是真的呢

　　C. 是真的吗　　　　　　　　D. 没有真的吗

5. 这件事情真被爷爷说中了，事实证明：（　　）。

　　A. 老人的话是不能听的　　　B. 老人的话不是不听的

C.老人的话是不能不听的　　　D.老人的话是会听的

6. 这次考试大卫进步很大，（　　）。

    A.表扬他不应该　　　　　　B.表扬他是应该的

    C.表扬是应该他的　　　　　　D.不应该的是表扬他

7. 对一个国家来说，（　　）。

    A.教育不是重要的　　　　　　B.教育是不重要的

    C.重要的不是教育　　　　　　D.教育是最重要的

8. （　　），却来参加了舞蹈比赛。

    A.他是学舞蹈的　　　　　　B.他不是学武术的

    C.他是不是学舞蹈的　　　　　D.他是学武术的

四、举例说明你的母语或者熟悉的外语中与汉语"是"字句相对应的句式。

第十二节　"是……的"句

"是……的"句是指含有"是……的"结构的一种强调句。"是……的"句主要由四部分构成：句首 S、句中"是"和变项 X、句末"的"，即"S 是 X 的"。例如：

①张三是北京的。

②张三是前年出生的。

③张三是健康的。

④张三是他们请的。

一、"是……的"句中的"是"

（一）非重读的"是"

当"是"不重读的时候，它能与肯定和否定相连，可以接受副词、能愿动词等修饰。例如：

①　张三是不是北京的？　　→张三可能真是北京的。

②　张三是不是前年出生的？　→张三可能真是前年出生的。

③　张三是不是健康的？　　→张三可能真是健康的。

④　张三是不是他们请的？　　→张三可能真是他们请的。

此外，"是"还能带宾语，可以单独回答问题。这些足以表明当非重读的"是"是判断动词时，是判断的标记。

（二）重读的"是ˉ"

书面形式的"是"，除了一般读法以外，都可以重读（用上标的短横线"ˉ"表示）。重读的"是ˉ"可以做副词"是"，一般表达"的确""确实"的意思。例如：

⑤　张三是ˉ说过这些话。←→张三的确说过这些话。

⑥　张三是ˉ向我保证过。←→张三的确向我保证过。

"是……的"句中的"是"重读时，是判断动词"是"和确认副词"是"的叠加，这种组合形式叫"扣合"。[1] 例如：

⑦　张三是ˉ北京的。　　←→张三的确是北京的。

⑧　张三是ˉ前年出生的。←→张三的确是前年出生的。

---

[1]关于"是……的"句是否属于"是"字句，其中的"是"是否为判断动词，现有文献主要包括两种观点：朱德熙的论文《说"的"》和吕叔湘所著的《汉语语法分析问题》等研究认为，"是……的"句属于"是"字句，其中的"是"是判断动词；宋玉柱的论文《关于"是……的"结构的分析》、黄伯荣和廖序东主编的《现代汉语》等研究认为，"的"字结构做"是"的宾语的句子排除在"是"字句之外，"是……的"句不属于"是"字句，其中的"是"是强调副词（或确认副词）。我们认为，"是……的"句中重读的"是"是判断动词"是"和确认副词"是"的扣合，主要是因为当将重读的"是"替换为"的确"时，很多句子的可接受性比较差，而替换为"的确是"时，可接受性较强。例如：

①? 张三的确北京的。②? 张三的确前年出生的。

③? 张三的确健康的。④? 张三的确他们请的。

⑨ 张三是⁻健康的。　　←→张三的确是健康的。

⑩ 张三是⁻他们请的。　　←→张三的确是他们请的。

（三）"是"字的焦点标记功能

"是……的"是一种强调句式，句中的"是"具有标记焦点的功能。[1]标记句中动作行为的施事、受事、与事、时间、地点、工具、材料、方式、条件、原因、目的等，或者对主语进行叙述、描写或评论等。例如：

⑪ 这件事是老师告诉我的。　　　　　　（施事）

⑫ 他是投的赞成票。　　　　　　　　　（受事）

⑬ 他的礼物是送给小红的。　　　　　　（与事）

⑭ 妹妹是昨天来的。　　　　　　　　　（时间）

⑮ 张三是从上海来的。　　　　　　　　（处所）

⑯ 他是用毛笔写完这篇文章的。　　　　（工具）

⑰ 这粥是用南瓜做的。　　　　　　　　（材料）

⑱ 我是一个字一个字说的。　　　　　　（方式）

⑲ 他是在大家的帮助下获得成功的。　　（条件）

⑳ 他是不明白才来问你的。　　　　　　（原因）

㉑ 哥哥是为了女朋友考研究生的。　　　（目的）

㉒ 我是不打算回国的。　　　　　　　　（叙述）

---

[1] 在不突显语用焦点的时候，紧接"是"之后的成分是句子的自然焦点。自然焦点与语用焦点相并列，二者性质不同，不能混为一谈。自然焦点是自然的信息传递中所要表达的焦点。语用焦点是用语音手段、词汇手段或对比手段等显示或标记的句义表达重点，它可以是句子中的任何部分。比如说，在"我是昨天来的"这句话中，自然焦点紧接在"是"之后的是"昨天"，而语用焦点可以是"昨天"，也可以是"我""来"等，只要是重读句中需要突显的成分即可。

㉓ 东北的冬天到处都是白茫茫的。　　（描写）

㉔ 这种说法是非常有道理的。　　　　（评论）

二、"是……的"句的分类

"是……的"句中变项"X"可以是体词性成分、形容词性成分、主谓短语和动词性成分等。

（一）"X"为体词性成分

这种"是……的"句中，"是"判断的是主宾语"S"和"X的"之间的主谓关系，结构层次可划分为"是＋（S+X的）"。例如：

① 宿舍是我们大家的。

② 这个桌子是木头的。

③ 这些工资是一整年的。

④ 小苹果是五块的，大苹果是八块的。

还原为对话，提问的都是"主语有何属性"，即"谁的""什么样的"或"怎（么）样的"等问题。上述例句中所有的"X"都可以整体说明主语，如例①的提问是"宿舍是谁的"，其中"X的"整体说明"我们大家"是主语"宿舍"的领有者。

（二）"X"为形容词性成分

这种"是……的"句中，"是"所判断的内容可以是"S"和"X的"之间的主谓关系；也可以是"S"和"X"之间的主谓关系，其结构层次可划分为"[是＋（S+X）]的"。例如：

⑤ 他祖父是很博学的。

⑥ 张三是诚实的。

例⑤可以判断"他祖父"属于"很博学的"，也可以判断"他祖父很博学"。当理解为判断"S"和"X"之间的主谓关系时，句末"的"是语气助词,属于整个句子,表达的是确认的语气。

（三）"X"为主谓短语

与X是形容词时一样,这种"是……的"句也可以判断"S"和"X的"之间的主谓关系以及"S"和"X"之间的主谓关系。例如:

⑦ 那本书是张三借的。

⑧ 菜是儿媳妇炒的。

例⑦中,首先判断的是"那本书"属于"张三借的",同时也可以判断"张三借那本书"。将"X"置于句末,是为了突显它就是句子的焦点。将"张三借"置于句末,就是为了突显施事和动作行为,表明该事件的施事不是"李四""王五"等,动作行为也不是"买""偷"等。

（四）"X"为动词性成分

与X为形容词、主谓短语时一样,当X为动词性成分时,"是……的"句也可以判断"S"和"X的"之间的主谓关系及"S"和"X"之间的主谓关系。例如:

⑨ 冰箱里放的是吃的。　　　　（单个动词）

⑩ 这里是休闲娱乐的。　　　　（联合短语）

⑪ 他是相信这件事的。　　　　（动宾短语）

⑫ 这件事是让我挺生气的。　　（兼语短语）

⑬ 他一直是躺着不动的。　　　（连谓短语）

除此之外,有些"是……的"句中"X"取值为某些动词性成分的时候,还具有另外一种功能:突显"VP"中的某个方面,能回答"V有什么特征",即"什么时候V的""什么地方V

的"　"怎么 V 的"　"怎么样 V 的"等。这种"是……的"句要求"X"是偏正性的动词性成分。例如：

⑭ 他父亲是气（C∅[1]：病）的。（含隐性补语的单个动词）

⑮ 这些食物是蒸、煮（C∅：熟）的。（含隐性补语的联合短语）

⑯ 张三是早晨知道的。　　　　　（状中短语）

⑰ 苹果是长在树上的。　　　　　（中补短语）

⑱ 安东是坐飞机来北京的。　（有语义侧重点的连谓短语）

该类"S 是 X 的"主要突显的信息不再是对"S"和"X 的"之间的关系，或"S"和"X"之间关系的判断，而是对 V 在时间、地点、原因、方式等方面的特征进行判断和确认。关于"是……的"句功能类别的对应关系，可列表如下：

表 4—2　"是……的"的结构和功能类别

"是……的"的功能类别 X 的取值	判断"X 的"及其类 论元 S 之间的关系 是＋（S+X 的）	判断 X 及其论元或 类论元 S 之间的关系 [是＋（S+X）]＋的	突显"X"中某个 组成部分的特征 突显 X 中某成分
体词性成分	＋		
形容词性成分	＋	＋	
主谓短语	＋	＋	
动词性成分　－偏正	＋	＋	
动词性成分　＋偏正	＋	＋	＋

（五）"是……的"句的变式

"是……的"句除了基本格式"S 是 X 的"以外，还存在变式"是 X 的"或"（S）是 X 的 Y"等，同样可以强调动作行为的施事、受事，或者时间、处所、材料等。例如：

⑲ 是老师亲自告诉我的。　　　　　　（施事）

─────────

[1] 如本书的绪论所述，"∅"表示无语音形式的句法成分，这里的"C∅"表示隐性的补语。从语义上说，"气"是"他父亲病"的原因。

⑳ 是谁帮助你的？　　　　　　　　（施事）

㉑ 他是学的历史，我是学的中文。　（受事）

㉒ 他是投的赞成票。　　　　　　　（受事）

㉓ 我是昨天下午在厨房用南瓜做的粥。[1]（时间、处所、材料等）

三、其他表强调的句式

"是……的"句是强调句的一种，汉语中还有其他表示强调的方式，举例如下：

（一）"连"字句

包含"连……都/也"结构的"连"字句可以强调主语、谓语中心语或前置宾语等。例如：

① 连小孩儿都知道，你会不知道？

② 他连看都没看我一眼。

③ 张三连拼音也没学好。

（二）双重否定句

双重否定句用两个否定性词语表示肯定，具有加强肯定语气的作用。例如：

④ 我不会不告诉你的。

⑤ 他们没有一个人不会说汉语。

⑥ 你不应该没注意到这个问题。

---

[1]本句含有多个可能强调的信息重点，这种"是……的"句中，说话人如果特别强调某个语用焦点，就会把重音落在相应的成分上。例如：

① 我是ˉ昨天下午在厨房用南瓜做的粥。　（时间）

② 我是昨天下午ˉ在厨房用南瓜做的粥。　（处所）

③ 我是昨天下午在厨房ˉ用南瓜做的粥。　（材料）

（三）反问句

"无疑而问"的反问句,能够加强肯定,表示事实非常明显,不用说。例如:

⑦ 你不是早就知道吗?

⑧ （难道）你看不出来吗?

⑨ 你没听说过"爱屋及乌"吗?

（四）疑问代词的非疑问用法

使用疑问词,用肯定方式表示否定,用否定方式表示肯定,是疑问代词的非疑问用法,能够明确地突显说话人的主观态度。例如:

⑩ 谁能想到会发生这样的事啊!

⑪ 你知道什么啊,乱说话。

⑫ 你这问题哪儿难啊? 太容易了!

思考与练习十二

一、将下列句子改写为"是……的"句。

1. 大卫去图书馆查资料了。

2. 他昨天在办公室告诉了我这件事。

3. 昨天下午用在线的方式开了个会。

4. 因为无聊,莉莉才给我打电话。

5. 他打碎了那个杯子。

6. 送你一束花。

7. 他为了看你来到了这里。

8. 姐姐送了她一件衣服。

9. 爷爷不会允许这件事发生。

10. 地里的小草绿油油的。

二、用强调句式改写下列句子。

1. 他没有想就回答了老师的问题。

2. 他俩去年在舞会上认识了。

3. 明天的活动你应该参加。

4. 我没有骗过你。

5. 你不能相信他说的话。

6. 他听说过这件事。

7. 这些日子以来奶奶每天都很开心。

8. 他在那家商店买了礼物。

9. 他所有的题目都答错了。

10. 你对这件事清清楚楚。

三、指出下列"是……的"句强调的对象。

1. 他是准备告诉你这件事的。

2. 我是昨天下午才收到通知的。

3. 他的钢笔是用纯金做的。

4. 他是在导师的指导下完成的毕业论文。

5. 我的票是在售票处买的。

6. 他的头发是花白花白的。

7. 他们是为了正义而战斗的。

8. 这些画都是用彩笔画的。

9. 他们是投的赞成票。

10. 警察的行动是很及时的。

四、将下列词语组合成句子。

1. 是　妈妈　这辆　送　自行车　给我　的

2. 昨天　在商店　那枚　是　的　他　戒指　买

3. 自驾　四川　去年夏天　是　的　她　去　旅游

4. 赞成　大家　是　会　的　你的提议　肯定

5. 他　这个礼物　送给我　打算　是　把　的　不　本来

6. 陈景润　发现　的　天才　华罗庚　是　这个

7. 应该　这件　是　做　这样　的　不　事情

8. 不会　意见　这么　是　固执的人　别人的　的　听

9. 公司　这项　的　改革　有眼光　是　非常　的

10. 他　不会　研究生　的　读　是　放弃

五、举例说明你的母语或者熟悉的外语中与汉语"是……的"句相对应的句式。

第五章 复 句

第一节 单句与复句

复句是由两个或两个以上意义上相关、结构上互不包含的分句组成，并具有贯通全句的句调的句子。例如：

① 虽然今天是晴天，但是气温比较低。

② 他真的忘了，还是故意不来？

③ 我有点儿头疼，不想去逛街了。

一、复句的特点

"意义相关"是指几个分句在意义上密切联系，有因果、假设、转折等种种语义上的逻辑关系。"结构上互不包含"是指复句中的各分句互不做句子成分，即甲句不是乙句里的一个成分，乙句不是甲句里的一个成分，各自相对独立。例如：

① 中国朋友告诉我，牛郎织女的故事在中国流传很广。（单句）

② 我知道这件事了，所以他最近不敢来见我。 （复句）

③ *他学习一直很努力，谦虚使人进步。 （病句）

例①中，"牛郎织女的故事在中国流传很广"是"告诉"的宾语，整个句子是一个单句；例②中，两个分句在结构上互相独立，是一个复句；例③中，两个分句间缺乏逻辑关系，是一个病句。

二、分句的性质

组成复句的几个分句可以是主谓句，也可以是非主谓句。例如：

① 冬天来了，但广州一点儿也不冷。

② 大家进来，随便坐。

③ 蓝天，远树，金黄色的麦浪。

例①中，两个分句都是主谓句；例②中，第一分句是主谓句，第二分句是非主谓句；例③中，三个分句都是非主谓句。

三、单句与复句的区别

区别单句和复句，可以从以下几个方面入手：

第一，从语音停顿上区分。复句内部一般有语音停顿，书面上一般用逗号表示，顿号和句号不能作为分句间的标志。请比较下面几个句子：

① 他们爱祖国，爱人民，爱正义，爱和平。

② 他们爱祖国、爱人民、爱正义、爱和平。

③ 我们的事业是完全正义的，正义的事业是不可战胜的。

④ 我们的事业是完全正义的。正义的事业是不可战胜的。

例①是包含四个分句的复句；例②中使用的是用来间隔词或短语的顿号，是一个单句；例③是两个分句，中间的逗号停顿较短，分句意义相关，结构上互不包含，所以是一个复句；例④是两个单句，中间用句号隔开，两个句子之间是一个全停顿，是两个单句组成的句群。在说话时，单句的停顿与复句的各分句之间的停顿也不同，单句后边是一个全停顿，而复句的各分句之间停顿较短。

第二，从结构上区分。一般来说，只有一个主谓结构的句子是单句，由两个或两个以上具有主谓结构的分句组成的句子是复句。例如：

⑤ 他的两个弟弟，都在上小学。

⑥ 他有两个弟弟，一个上中学，一个上小学。

例⑤中的逗号之前是全句的主语，全句只有一个主谓结构，是单句；例⑥有三个主谓结构，是复句。

第三，从关联词语上区分。关联词语常常用于连接复句中的分句。例如：

⑦ 他起身走了。

⑧ 他一起身就走。

例⑦和例⑧都表示两个动作行为接连发生，但例⑦是单句，例⑧使用了关联词语"一……就"，是复句。值得注意的是，不能认为只要有关联词语的句子就是复句，无关联词语的句子就是单句。例如：

⑨ 她病了，没来上课。

⑩ 无论谁，都不能不学习。

⑪ 只有在特殊的情况下，才可以改变咱们的计划。

例⑨中虽然没有关联词语，但是它的两个分句在结构上互不包含，语义上存在因果关系，属于复句。例⑩⑪中虽然有关联词语，但例⑩中的"谁"是整个句子的主语，例⑪中的"在特殊的情况下"是全句的句首状语，逗号前后的两个部分有结构上的包含关系，所以这两个句子都是单句。

四、紧缩复句

把复句中的分句紧缩在一起，中间没有语音停顿，这样的复句就是紧缩复句，简称为"紧缩句"。例如：

① 就是下雨，我们也要去上学。　　　　　（一般复句）

② 下雨我们也要去上学。　　　　　（紧缩复句）

③ 只要天亮，爷爷就会出去锻炼。　（一般复句）

④ 天一亮就出去锻炼。　　　　　　（紧缩复句）

　　紧缩复句常在口语中使用，是汉语表达凝练性的体现。紧缩复句可以成对使用关联词语，可以单用一个关联词语表示分句间的关系，也可以没有关联词语。关联词语大都是起关联作用的副词，列表如下：

表 5—1　紧缩复句及常用关联词

	关系	关联词语	举例
成对使用的关联词语	假设	不……不	不问不开口。
	条件	非……不	非去不可。
	假设	不……也	不看也会。
	假设	再……也	再说也没有用。
	假设	没有……就没有	没有水就没有生命。
	顺承或条件	一……就	一学就会。
单个使用的关联词语	顺承或条件	就	看了就会
	顺承	再	做了一个再做一个
	条件	才	无私才能无畏。
	条件	都	到哪儿都要好好工作。
	转折	又	想笑又不敢笑。
	假设	也	怨天尤人也没有用。
不使用关联词语	假设		猜对了有奖励。
	转折		面善心不善。
	顺承		雨过天晴。
	因果		他有事回国了。

　　紧缩复句的语义一般比较简单，但也有比较复杂的。例如：

⑤ 你爱来不来。

⑥ 你爱来，你就来，你不来，你就不来。

紧缩复句可以独立成句，也可以充当单句的句子成分或复句的分句。例如：

⑦ 没找到什么凭据就下判断叫武断。　　（单句的主语）

⑧ 我们认为组织起来才有力量。　　　　（单句的宾语）

⑨ 实践得出了非实事求是不可的结论。（单句的定语）

⑩ 虽然我一见便知道是他，却不是我记忆中的他了。

（复句的分句）

思考与练习一

一、判断下列句子是单句还是复句。

1. 只有在特殊情况下，才能改变我们的计划。

2. 同学们都知道，老师严格是为了学生好。

3. 他一看就知道怎么回事。

4. 路面很滑，车开得很慢。

5. 晚上睡得太晚，对身体不利。

6. 如果假期长，我就回国探亲。

7. 分析能力强，是这位同志的优点。

8. 他为人非常和善，大家都很喜欢他。

9. 他跳上马飞驰而去。

10. 国家要独立，民族要解放，人民要革命，是不可抗拒的历史潮流。

二、举例说明复句的特点。

三、举例说明你的母语或者熟悉的外语中与汉语紧缩复句相对应的表达。

第二节　复句的类型

复句分类的原则是从关系出发，用标志控制。"关系"指分句与分句之间的相互关系，"标志"指联结分句并标明各分句间相互关系的关联词语。请比较下面几个句子：

① 你去，我也去。　　　　　　　　　　　（并列）

② 不仅你去，我也去。　　　　　　　　　（递进）

③ 你去，或者我去。　　　　　　　　　　（选择）

④ 要是你去，我也去。　　　　　　　　　（假设）

⑤ 你去，所以我也去。　　　　　　　　　（因果）

⑥ 只有你去，我才去。　　　　　　　　　（条件）

根据分句之间的语义关系，大致可以把复句分为两大类：联合复句和偏正复句。

一、联合复句

各分句间意义上平等，没有主次之分的复句叫作联合复句，主要分为以下五种：并列关系、选择关系、承接关系、递进关系、解说关系。

（一）并列关系

在并列关系的复句中，几个分句分别叙述或描写几件事或者说明同一事物的几个方面。分句间的意义内容并存共现，分句间的意义是平列或对举的关系。例如：

① 猪往前拱，鸡往后刨。　　　　　　　　（平列）

② 绿既是美的标志，也是环保、希望的象征。（平列）

③ 她不是喜欢装傻，而是希望保留一份纯真。（对举）

④ 这件事我真的一无所知，并非推卸责任。　（对举）

表5—2　并列关系复句中的常用关联词

平列	合用	既 A，又（也）B　又（也）A，又（也）B
		一边（一面）A，一边（一面）B
		有时（一时、时而）A，有时（一时、时而）B
	单用	也　又　还　同时　同样　另外
对举	合用	不是 A，而是 B　并非 A，而是 B　是 A，不是 B
	单用	而　而是　并非

（二）选择关系

在选择关系的复句中，几个分句分别介绍几种可供选择的事项。根据选择事项是否已定，选择关系的复句可分为未定选择和已定选择。

（1）未定选择

未定选择包括二选一和多选一的情况，其中，二选一表示非此即彼的限选关系。分句在意义上互相排斥，二者必居其一，关联词语需要成对使用。例如：

⑤ 你是忘了，还是故意不来？　　　　　　　　（二选一）

⑥ 不是鱼死，就是网破。　　　　　　　　　　（二选一）

⑦ 他不是在车间，就是在仓库，要不就在办公室。（多选一）

⑧ 或者你去，或者他去，或者我去。　　　　　（多选一）

（2）已定选择

具有取舍意义的复句表示在两种情况中选择其中较好的，舍弃较差的。例如：

⑨ 与其开车堵在路上，不如走着去。　　　　　（先舍后取）

⑩ 在河边美慕人家的鱼，还不如回家自己织网。（先舍后取）

⑪ 他宁可在家睡觉，也不看那没意思的电影。　（先取后舍）

⑫ 他饿着肚子，也不吃垃圾食品。　　　　　　（先取后舍）

表5—3　选择关系复句中的常用关联词

未定选择	平列	合用	或者（或）A，或者（或）B，或者（或）C 是A、B、还是C
		单用	或者　或是　或　还是
	二者选一	合用	不是A，就是B 要么A，要么B 要不A，要不B
已定选择	先舍后取	合用	与其A，不如（宁可、宁愿、宁肯）B
		单用	还不如　倒不如
	先取后舍	合用	宁可（宁愿、宁肯）A，也不（决不）B
		单用	也不　决不

（三）承接关系

承接关系也叫"顺承关系"，在承接关系的复句中，几个分句按时间、空间或逻辑事理上的顺序叙述连续的动作行为，或者介绍相关的情况。例如：

⑬ 你先把事故原因调查一下，然后写一个调查报告。

⑭ 他一上台，歌迷们就开始大声欢呼。

⑮ 她进入这个世界，便奉献给这个世界以真诚。

⑯ 张三取了笔记本，回宿舍了。

表5—4　承接关系复句中的常用关联词

| 合用 | 一A，就B　　首先（先）A，然后（再、又）B　起初A，才B |
| 单用 | 便　就　才　于是　然后　后来　此后　接着　跟着　终于 |

（四）递进关系

在递进关系的复句中，后分句的意思比前分句的意思更进一层，一般由小到大、由少到多、由轻到重、由浅到深、由易到难，一般需要使用关联词语。例如：

⑰ 她不但漂亮，而且非常聪明。

⑱ 动物尚且有感情，何况是人？

⑲ 他认识我，甚至连我的小名都知道。

⑳ 我们不仅要学习他的学术思想，更要学习他严谨治学、淡泊名利、甘于奉献的崇高品格。

表5—5　递进关系复句中的常用关联词

合用	不但（不仅、不只、不光、非但）A，而且（还、也、又、更）B 不但A，反而B　别说A，连（即使、就是）B也（都） 连（即使、就是）A也（都），何况（更不用说）B 连（即使、就是）A也（都），B更
单用	而且　并且　且　何况　反而　进而　更　甚至（于）　况且　乃至

（五）解说关系

在解说关系的复句中，几个分句间有解释说明或总分的关系。解说关系的复句一般不用关联词语，在解释说明关系中，有时后一分句有"即、也就是说"等；在总分关系中，常有数字概括表达。例如：

㉑ 只有在集体中，个人才能获得全面发展其才能的手段，也就是说，只有在集体中才可能有个人自由。　　（解释说明）

㉒ 这就是他的"软肋"，即他最害怕别人知道或攻击的地方。

（解释说明）

㉓ 调查有两种：一种是走马观花，一种是下马观花。

（先总后分）

㉔ 一个是有话不说，一个是锋芒毕露，两人截然不同。

（先分后总）

二、偏正复句

各分句间意义有主有从，也就是有正句和偏句之分的复句叫偏正复句。正句即主句，是句子的正意所在，偏句的意义从属于正句。偏正复句主要有以下五种：转折关系、条件关系、假设关系、因果关系、目的关系。

（一）转折关系

在转折关系的复句中，前后两个分句的意思相对或相反，即后面分句不是顺着前面分句的意思说下去，而是突然转成与前面分句意思相反或相对的说法，后面分句才是说话人所要表达的正意[1]。例如：

① 虽然这些说法相当牵强附会，但是我也无法批驳。

② 尽管走了一天，可我一点儿也不累。[2]

③ 今天是他的生日，却没人祝他生日快乐。

④ 她曾经是个柔弱的女孩子，可是岁月的磨难使她变得坚强起来。

表5—6　转折关系复句中的常用关联词

合用	虽然（虽是、虽说、虽、尽管）A，但是（可是、然而、但、可、却、还、也、而）B
单用	虽然　但是　但　然而　可是　可　只是　不过　反倒　倒

（二）条件关系

在条件关系的复句中，偏句提出一种条件，正句表示这个条件得到满足后所产生的结果。条件关系可分为有条件句和无

---

[1]也有前后分句倒装的情况。例如：今晚却很好，虽然月光也还是淡淡的。

[2]"尽管……，……"后面经常需要出现"还/还是……""并不……""一点儿也不……"等表示强调的词语。例如：

① 尽管今天下雨了，但是我还是出去跑步了。

② 尽管父亲说得难听，但是他的真心并不是那样。

③ 尽管走了一天，但是我一点儿也不累。

条件句两种。

1.有条件句

有条件句是指某个条件的存在必然带来某种结果。根据条件与结果的关系，可分为充分条件和必要条件。充分条件是指仅具有所提出的条件就够了，不管有没有其他条件；必要条件是指必须具备所提出的条件才能产生相应的结果。例如：

⑤人只要活得高兴，便无所畏惧。　　　　（充分条件）

⑥多读多写，作文就会有进步。　　　　　（充分条件）

⑦只有你去请，他才肯来。　　　　　　　（必要条件）

⑧除非经历过痛苦，才懂得快乐的真谛。（必要条件）

2.无条件句

无条件句是指不管偏句中的条件如何，都不影响正句所表示的结果的产生。例如：

⑨无论天气怎么样，他每天都按时到校。

⑩不管谁来，他都要按制度办事。

⑪你一定要坚持下去，不管经历多大的风风雨雨。

⑫你有没有时间，都得把所有的事情做完。

表5—7　条件关系复句中的常用关联词

有条件	充分条件	合用	只要（只需、一旦、凡是）A，就（都、便、总）B
		单用	便　就
	必要条件	合用	只有（唯有、除非）A，才（不）B 只有（唯有、除非）A，否则（不然）B 只有（唯有、除非）A，才（不）B，否则（不然）C
		单用	才　要不然
无条件		合用	无论（不论、不管、别管、任、任凭）A，都（总、总是、也、还）B
		单用	无论　不管　都　也

（三）假设关系

在假设关系复句中，偏句提出假设，正句表示假设实现后所产生的结果。例如：

⑬ 如果明天是晴天，咱们就去爬山。

⑭ 假如你不走出这道墙，就会以为整个世界是一个石头花园。

⑮ 大家有意见，就提出来。

⑯ 快认真复习吧，否则这次考试很难通过。

表5—8　假设关系复句中的常用关联词

合用	如果（假如、假设、假使、倘若、若、若是、要是、万一、一旦）A，就（那么、那、便）B（，否则C） 幸亏A，要不然（要不、不然、否则）B 即使（即便、就是、就算、哪怕、纵然）A，也B[1]
单用	便　就　那　那么　否则　不然　要不然　也　还

（四）因果关系

在因果关系复句中，偏句说出原因或理由，正句表示结果。因果关系可分为说明性因果关系和推论性因果关系两类。例如：

⑰ 因为心里高兴，所以倒也不觉得累。（说明性因果关系）

⑱ 她被父母惯坏了，以致生活无法自理。（说明性因果关系）

⑲ 既然你身体不舒服，就在家休息一天吧。（推论性因果关系）

⑳ 他不喜欢喝酒，你就别勉强他了。　（推论性因果关系）

---

[1] 含有该类假设关系关联词的复句也被称为"让步复句"。可参见施春宏所著的《汉语纲要（下册）》、刘英林等所著的《国际中文教育中文水平等级标准》等。

表5—9　因果关系复句中的常用关联词

说明	合用	因为（因、由于）A，所以（才、就、便、故、以致）B 之所以 B，是因为（是由于）A
	单用	因为　由于　鉴于　是因为　是由于　所以　因此　因而 以致　以至于　致使　从而
推论	合用	既然 A，就 B
	单用	既然　既　就　可见

（五）目的关系

在目的关系复句中，偏句表示行为，正句表示行为的目的。此类句中的关联词语都单用。目的关系可分为求得目的式和避免目的式。例如：

㉑ 这把雨伞你拿着吧，下雨的时候好用。　　（求得目的式）

㉒ 他今天起得早，为的是赶六点钟的火车。（求得目的式）

㉓ 迅速推进，以免错过了时机。　　　　　　（避免目的式）

㉔ 麻烦你把这本书捎给他，省得我再跑一趟。（避免目的式）

表5—10　目的关系复句中的常用关联词

求得	单用	以　以便　以求　用以　借以　好　好让　为的是
避免	单用	以免　免得　省得　以防

三、多重复句

汉语的复句大多数是由两个分句构成，但在实际的语言运用中，复句中分句的组合并不像前文介绍的那样整齐，并不一定由两个分句构成，也不一定是两层关系，除了上一节介绍的紧缩复句，还存在多重复句。

根据复句结构层次的数量，可将复句分为一重复句和多重复句。只有一个层次的复句叫一重复句，前文举的大部分例子都属于一重复句；有不止一个层次的复句叫多重复句，可称为二重复句、三重复句等。例如：

① A 成功的基础是奋斗，‖并列B 奋斗的收获是成功，|因果C 所以，天下唯有不畏艰难而奋斗的人，才能走上成功的高峰。

上面的例句中包含三个分句，有两个层次，是多重复句。分句 AB 和分句 C 之间是第一个层次，因果关系。分句 AB 是原因，分句 C 是结果；表示原因的分句 A 和分句 B 之间是并列关系。

多重复句至少有三个分句组成，而且不止一个层次。在分析多重复句时，**首先**要全面把握句子的意思，确定句中各个分句的界限；**然后**仔细辨析各个分句之间的意义关系；**最后**判定各分句之间的组合层次。先确定第一层次，这个层次体现全句的基本关系，再看第一层次的两个分句内部是否还有层次，如果有的话，再确定第二层次，依次划分，直到最低层次。例如：

② A 北京是美丽的，我知道，|因果B 因为我不但是北京人，‖递进C 而且到过欧美，‖顺承D 看见过许多西方的名城。

这是一个三重复句，首先分句 A 和分句 BCD 之间是第一层次，因果关系，分句 A 是结果，分句 BCD 叙述原因；在分句 BCD 中，分句 B 和分句 CD 之间是第二层次，递进关系；分句 C 和分句 D 之间是第三层次，顺承关系。

从上面的例子可以看出，层次的多少并非根据分句数量多少来确定，而是根据不同分句之间的关系远近和关系类型来确定，这也充分体现了语言结构的层次性。

思考与练习二

一、指出下列复句的语义类型。

1. 出门在外应该常给父母打电话，免得他们担心。

2.杰弗逊会唱京剧，而且唱得特别棒。

3.她养过两个儿子，一个在战争中牺牲了，一个在逃亡中走散了。

4.他就是跑到天涯海角，我也要把他抓住。

5.你要是稍微注意一点点，就不会造成这么严重的后果。

6.虽然鲁迅没有写过一部长篇小说，但他每个短篇都跟长篇一样厚重。

7.他的艺术为人民所欣赏，是因为他的艺术来自人民。

8.无论我怎么做，他都挑毛病。

9.现在，人类深刻地影响着自然环境，自然环境也深刻地影响着人。

10.他扫了大家一眼，昂着头走了出去。

二、使用适当的关联词语填空。

1.动物（　　）有母爱，（　　）我们人呢?

2.（　　）科技进步提高了工作效率，（　　）每个人都感到比以前更加紧张。

3.他（　　）看小说，（　　）听音乐。

4.（　　）你同意不同意，我（　　）要按自己的想法办。

5.（　　）她有过人的智商，倒不如说她能够与时俱进。

6.（　　）做什么工作，他（　　）任劳任怨。

7.（　　）通过托福考试，他吃饭的时候都在看英语书。

8.昨天晚上他（　　）躺到床上，（　　）呼呼大睡了。

9.（　　）你早一点儿听他的劝告，（　　）不会落到今天这种地步了。

10.他（　　）不愿意去，那（　　）不要勉强他了。

三、选择正确的答案填空。

1.（　　）是到了春天，你才能看到这遍山的杜鹃花。

A. 只有　　B. 除非　　C. 只要　　D. 此外

2. 你（　）把那么深厚的热情灌注在歌里，她怎么会听不见呢?

A. 即使　　B. 虽然　　C. 既然　　D. 因为

3. 那天天气很冷，漫天大雪，（　）会场上热情洋溢。

A. 但　　B. 而且　　C. 既然　　D. 即使

4. 他端正了学习态度，克服了学习中的困难，（　）取得了较好的学习成绩。

A. 以便　　B. 之所以　C. 免得　　D. 因此

5. 只有虚心好学，才能取得好成绩，（　）说虚心使人进步。

A. 于是　　B. 所以　　C. 从而　　D. 这样

6. 在这里不是没有人发现，（　）因循守旧的保守思想束缚了一些人的手脚。

A. 就是　　B. 而是　　C. 可是　　D. 只能

7. 任何一道工序出了问题，都会使高楼大厦基础不牢，（　）倒塌。

A. 甚至　　B. 而且　　C. 以免　　D. 以便

8. 哥白尼的学说不只在科学史上引起了空前的革命，（　）对人类思想的影响也是极深刻的。

A. 况且　　B. 而　　C. 而且　　D. 反而

9. （　）在这里干等，（　）先找个事儿干着。

A. 与其……倒不如……　　　B. 宁肯……也……

C. 无论……都……　　　　　D. 固然……但是……

10. 这孩子太淘气了，（　）他在家，（　）不得安宁。

A. 只有……才……　　　　　B. 无论……都……

C. 不但……而且……　　　　D. 只要……就……

四、将下列词语组合成句子。

1.不但 而且 喜欢听 姐姐 欣赏 妹妹唱的 他 唱的歌 也 很

2.公园 吸引了 游客 很多 又有水 有山 那个 既

3.老师的 学生的 方法 学习情况 想了解 他们 想了解 教学 一方面 另一方面 也

4.扔掉 有需要的 送给 不如 与其 这辆 自行车 人

5.不愿 别人 宁肯 受累 自己 麻烦 也 她

6.自己 别人的 我们 吃亏 便宜 宁可 决不 占 也

7.征途中 多少 不论 前面的 还有 我们 都要 艰难险阻 勇往直前

8.他 父母 离家 不但 反而 没 顶撞 出走了 好好学习

9.都应该 复习 通过 时间 抓紧 我们 顺利地 考试 以便

10.担心 省得 给家里 父母 快点儿 打个电话 你

五、分析下列多重复句。

1.没有知识，工人就无法做好工作；有了知识，工人才能更好地完成任务。

2.困难欺软怕硬，你的思想是硬的，它就变成豆腐，你的思想是软的，它就变成了钢铁。

3.哪怕别人夸她年轻，她也不是滋味，因为一个真正年轻的女人，是用不着特意去夸赞她的。

4.屋里非常闷热，但他不敢到院子里去，一来是腿软得像没了骨头，二来是怕被人家看见。

5.假若没有这一对眼睛，她虽长得很匀称秀气，可也显不出她有什么特别引人注意的地方了。

六、按照汉语复句的十个类别，每类各造一个复句。

七、举例说明你的母语或者熟悉的外语中复句的类别。

参考答案

第一章 绪 论

思考与练习

一、略。二、略。

第二章 句子成分

思考与练习一

一、1.郑老师‖[从办公室]走〈出来〉了。 2.她‖是(中国)(著名)的(女)歌手。 3.草丛里‖[忽然]跳〈出来〉|(一只)(小)白兔。 4.我‖是(一名)(大四)的学生。 5.李阳‖吃了|(一根)冰糖葫芦。 6.姑娘‖[悄悄]地走了〈进来〉。 7.他‖激动得〈跳起来〉了。 8.他‖是|(我们组)的冠军。 9.我‖知道|你已经通过了。 10.他‖带〈来〉了|(一只)(可爱)的小狗。

二、1.A 2.A 3.D 4.B 5.C

三、1.老师嘱咐同学们认真复习功课。 2.今天早上张三去了时代广场。 3.全红婵跳水跳得真完美。 4.李明从山上带回来一块红色的石头。 5.他眼前突然出现了一个漂亮的女孩儿。

四、略。

思考与练习二

一、1.联合短语（施事主语） 2.同位短语（施事主语） 3.方位短语（中性主语） 4.数词（中性主语） 5.普通名词（施事主语） 6.定中短语（受事主语） 7.量词短语（受事主语） 8.动词（中性主语） 9.兼语短语（中性主语） 10.形容词（中性主语）

二、1.中补短语(描写性谓语) 2.状中短语（叙述性谓语） 3.连谓短语（叙述性谓语） 4.兼语短语（叙述性谓语） 5.动词（叙述性谓语） 6.动词重叠式（叙述性谓语） 7.名词（判断说明性谓语） 8.动宾短语（判断说明性谓语） 9.形

容词（描写性谓语） 10. 主谓短语（描写性谓语）

三、1. √ 2. × 3. × 4. × 5. √ 6. × 7. √ 8. √

四、1. B 2. B 3. B 4. B 5. A 6. D 7. C 8. A

五、略。

思考与练习三

一、1. 动语：打算（动词） 宾语：去北京旅游（连谓短语） 2. 动语：去了一趟（中补短语） 宾语：超市（名词） 3. 动语：突然感到（状中短语）宾语：很孤单（状中短语） 4. 动语：没有（动词） 宾语：不散的宴席（定中短语）5. 动语：希望（动词） 宾语：请他来做客（兼语短语） 6. 动语：学好用好（联合短语） 宾语：自己的母语（定中短语） 7. 动语：习惯（动词） 宾语：一个人待着（主谓短语）8. 动语：在于（动词） 宾语：尊重学生（动宾短语）9. 动语：以为（动词） 宾语：特别容易（状中短语） 10. 动语：走过来（中补短语）宾语：一群人（定中短语）

二、1. 类别宾语 2. 数量宾语 3. 致使宾语 4. 结果宾语 5. 结果宾语、材料宾语 6. 与事宾语、受事宾语 7. 方式宾语 8. 施事宾语 9. 处所宾语10. 原因宾语 11. 时间宾语 12. 目的宾语

三、1. B 2. C 3. B 4. C 5. C 6. C 7. A 8. D

四、1. × 2. × 3. √ 4. × 5. × 6. √ 7. × 8. √

五、1. 山上走下来一位白发苍苍的老人。 2. 他在超市买了一盒包装精美的巧克力。 3. 他终于熬过了这个寒冷的冬天。 4. 故宫的门口有两个石头狮子。5. 张三和朋友们在全聚德吃烤鸭呢。 6. 他打算明天去首都北京。

六、略。

思考与练习四

一、1. 定语：火红；定语是状态形容词，描写性定语。 2. 定语：那件、纯白色；定语分别是指量短语、定中短语，都是限制性定语。 3. 定语：花里胡哨；定语是状态形容词，描写性定语。 4. 定语：父亲和母亲；定语是名词

性联合短语，限制性定语。 5.定语：我们、最尊敬；定语分别是代词、状中短语，都是限制性定语。 6.定语：请我来这里；定语是兼语短语，限制性定语。

7.定语：他们两个人；定语是同位短语，限制性定语。 8.定语：科技发展；定语是主谓短语，限制性定语。 9.定语：一种、平平淡淡、觉察不到；定语分别是数量短语、形容词重叠式、中补短语，其中"平平淡淡"是描写性定语，其他是限制性定语。 10.定语：学习汉语；定语是动宾短语，限制性定语。

11.定语：噼里啪啦；定语是拟声词，描写性定语。 12.定语：老实巴交；定语是状态形容词，描写性定语。 13.定语：花园里；定语是方位短语，限制性定语。14.定语：出门旅行；定语是连谓短语，限制性定语。 15.定语：轰隆隆；定语是拟声词，描写性定语。

二、1.错误。订正：一眼望去，到处都是绿油油的麦苗。2.错误。订正：我喜欢这个干干净净的房间。3.错误。订正：这间房子属于那个人。4.正确。5.错误。 订正：我刚接到一个叔叔打来的电话。 6.正确。 7.错误。 订正：昨天在上海举行的会议很成功。8.错误。 订正：非常热心的路人帮助了我们。9.错误。 订正：这间宿舍住着两个热爱学习的好学生。 10.错误。 订正：那个男孩儿是我哥 / 我的哥哥。 11.错误。 订正：父亲的母亲是祖母。 12.错误。 订正：他是一位台湾当红的男明星。 13.错误。 订正：我遇见一个善良而热心的室友。 14.错误。 订正：靠天吃饭的农民最怕水灾和旱灾。15.错误。订正：三十多年前的事情大家都不记得了。

三、1.B 2.C 3.C 4.B 5.A 6.D 7.D 8.D

四、1.他有一件从日本买来的新衣服。 2.这是从图书馆借来的一本关于经济发展的书。 3.城北的公园门口有两个石狮子。 4.他很想吃桌子上的那个红苹果。 5.他那段时间没有吃过一顿饱饭。 6.热爱运动的人身体一般都很好。（热爱运动的人一般身体都很好。） 7.朋友送我的两个花瓶被打碎了。（朋友送的两个花瓶都被我打碎了。） 8.昨天我接待了一位从大连回来的朋友。

五、略。

思考与练习五

一、1. 状语：向他；状语是介宾短语，限制性状语。 2. 状语：在树上、叽叽喳喳；状语是介宾短语、拟声词，限制性状语（处所）、描写性状语。 3. 状语：耐心；状语是形容词，描写性状语。 4. 状语：只；状语是范围副词，限制性状语。 5. 状语：今天下午；状语是定中短语，限制性状语。 6. 状语：轻轻；状语是形容词重叠式，描写性状语。 7. 状语：屋里；状语是方位短语，限制性状语。8. 状语：不；状语是否定副词，限制性状语。 9. 状语：难道；状语是语气副词，限制性状语。 10. 状语：整整齐齐；状语是形容词重叠式，描写性状语。 11. 状语：在边工边读的情况下；状语是介宾短语，限制性状语。12. 状语：为了救落水的孩子、奋不顾身；状语是介宾短语、成语，限制性状语、描写性状语。 13. 状语：很；状语是程度副词，限制性状语。 14. 状语：非常缓慢；状语是状中短语，描写性状语。 15. 状语：用通俗的方法；状语是介宾短语，限制性状语。

二、1. 错误。 订正：那位美女非常优雅地走了进来。 2. 错误。 订正：请大家马上去学校。 3. 错误。 订正：你要不要和我一起跑。 4. 错误。 订正：关于这个问题，我们讨论了很久。 5. 正确。 6. 错误。 订正：他突然站了起来。 7. 错误。 订正：我再也不想看到这个人了。 8. 错误。 订正：他过去常常往我家里跑。 9. 正确。 10. 错误。 订正：那个女孩儿很淑女地走了进来。

三、1. 不可以 2. 可以 3. 可以 4. 可以 5. 可以 6. 不可以 7. 可以 8. 可以 9. 可以 10. 可以

四、1. "高兴"指向"他"。 2. "在黑板上"指向"画"；"圆圆"指向"圈"。 3. "聚精会神"指向"大家"。 4. "刚刚"指向"搬走"。 5. "不好意思"指向"她"。 6. "满头大汗"指向"他"。 7. "明天"指向"回"。8. "经常"指向"来找"。 9. "兴高采烈"指向"姐姐"。 10. "非常"指向"喜欢"。

五、1. B　2. D　3. C　4. D　5. D　6. D　7. D　8. A

六、1. 他昨天在散步的时候跟我说了一个秘密。　2. 我们大家应该好好学习语法知识。　3. 从树林里忽然跑出来一只野兔。4. 他疯了似的向前面跑去。5. 她昨天在休息室里接受了许多记者的采访。　6. 金先生是从首尔坐飞机来的。7. 他从毕业开始一直在那家公司工作。　8. 为了解决这个问题，他花了整整一天时间。

七、略。

思考与练习六

一、1. "懂"是结果补语，指向主语"他"（施事）。2. 没有结果补语。3. "住"是结果补语，指向谓语中心语"记"（动作行为本身）。4. "干净"是结果补语，指向主语"衣服"（受事）。5. "掉"是结果补语，指向主语"字"（受事）。6. "会"是结果补语，指向主语"我们"（受事）。7. "晚"是结果补语，指向句外成分（时间）。8. "胜"是结果补语，指向主语"他"（受事）。9. 没有结果补语。10. "醉"是结果补语，指向句外成分（施事）。

二、1. 开始　2. 开始　3. 开始　4. 实现　5. 持续　6. 持续　7. 持续　8. 实现　9. 实现　10. 实现　11. 实现　12. 力量不够　13. 空间充分　14. 力量不够　15. 能力足够

三、1. 补语：于北京。补语是介宾短语，介宾补语。　2. 补语：落花流水。补语是成语，情态补语。　3. 补语：不起来。补语是状中短语，可能补语。　4. 补语：一点儿。补语是数量词，比量补语。　5. 补语：下来。补语是趋向动词，趋向补语。　6. 补语：面色苍白。补语是主谓短语，情态补语。　7. 补语：皱起了眉头。补语是动宾短语，情态补语。　8. 补语：非常出色。补语是状中短语，情态补语。　9. 补语：清楚极了。补语是中补短语，情态补语。　10. 补语：三遍。补语是数量短语，动量补语。　11. 补语：三天。补语是名词，时量补语。12. 补语：倒。补语是动词，结果补语。　13. 补语：出来。补语是趋向动词，

趋向补语。 14. 补语：干净。补语是形容词，结果补语。 15. 补语：极。补语是副词，程度补语。

四、

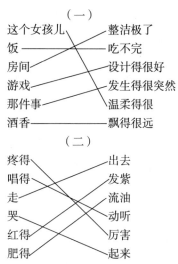

（一）

这个女孩儿 —— 整洁极了
饭 —— 吃不完
房间 —— 设计得很好
游戏 —— 发生得很突然
那件事 —— 温柔得很
酒香 —— 飘得很远

（二）

疼得 —— 出去
唱得 —— 发紫
走 —— 流油
哭 —— 动听
红得 —— 厉害
肥得 —— 起来

五、1. 错误。订正：状语可以由名词性成分充当。例如：等三天。 2. 正确。3. 错误。订正：他穿得整整齐齐。（他穿很整齐。） 4. 错误。订正：那个孩子傻极了。（那个孩子傻得很。） 5. 错误。订正：这个字你写得很不好。 6. 正确。7. 错误。订正："三年"是补语。 8. 错误。订正：这本书我看了三天，终于看完了。 9. 错误。订正：现在我要回家去。 10. 正确。

六、1. 清楚 2. 厉害 3. 过来 4. 上 5. 整齐 6. 满 7. 极了 8. 早 9. 开 10. 完 11. 透 12. 住

七、1. D 2. A 3. C 4. D 5. D 6. C 7. D（"好"是形容词） 8. B

八、略。

思考与练习七

一、1. 提示成分：称代式提示成分。 2. 提示成分：总分式提示成分。 3. 独立成分：感叹语。 4. 独立成分：插说语，表示引起注意。 5. 独立成分：拟声语。

6.独立成分：插说语，表示推测、估计。 7.独立成分：称呼语。 8.独立成分：插说语，表示总括。 9.独立成分：插说语，表示附带说明。 10.独立成分：插说语，表示消息来源。 11.独立成分：插说语，表示肯定、强调。 12.独立成分：插说语，表示注释、说明。

二、略。

第三章　句类与句型

思考与练习一

一、1.感叹句。 2.感叹句。 3.感叹句。 4.祈使句。 5.祈使句。 6.一般陈述句。 7.强调陈述句。 8.特指问句。 9.是非问句。 10.猜度问句。 11.正反问句。 12.正反问句。 13.选择问句。 14.反问句。 15.设问句。 16.省略问句。17.省略问句。18省略问句。19.强调陈述句。20.强调陈述句。

二、1.他非这样做不可。 2.我们没有不会说汉语的。 3.这里的饭店没有他没吃过的。 4.他不得不替父母考虑。 5.我们班没有人不喜欢他。 6.我不会说到做不到。 7.没有老师不夸她学习努力。 8.我不可能不了解我的朋友。 9.这句话我非说不可。 10.我们学校没人不认识他。（我们全校师生没有不认识他的。）

三、略。四、略。五、略。

思考与练习二

一、略。二、略。

第四章　特殊句子

思考与练习一

一、1.那件红衣服她穿上很好看。（大主语为受事，小主语为施事）2.他一句话也没说。（大主语为施事，小主语为受事）3.他学习一直很努力。或：他一直学习很努力。（大主语与小主语有主谓关系）4.苹果六块钱一斤。或：苹果一斤六块钱。（大谓语对大主语进行量化评价）5.他妹妹眼睛很大。（大主语与小主语有领属关系）6.十个苹果他吃了八个。（大主语与大谓语中的

223

某成分具有总分关系） 7. 这套房子他住了三年。（大主语是小谓语的处所）
8. 一块没用的布，她居然做了一个可爱的玩偶。（大主语是小谓语的材料）9. 全国物理竞赛，他得了第一名。（大主语表示小谓语的范围） 10. 这件事我没有什么好说的。（大主语表示小谓语的关涉对象）

二、1. 是（大主语为施事，小主语为受事） 2. 不是 3. 是（大主语与小主语有主谓关系） 4. 是（大谓语对大主语进行量化评价） 5. 是（大主语为受事，小主语为施事）6. 不是 7. 是（大主语是小谓语的材料）8. 不是 9. 是（大主语与大谓语中的某成分具有总分关系） 10. 是（大主语与小主语有领属关系）

三、1. 性格很开朗 2. 腿受伤了 3. 学习很努力 4. 精神很不好 5. 两块钱一杯 6. 头晕 嗓子疼 7. 眼睛很大 鼻子很高 8. 脑子聪明 9. 脸色很红润 10. 什么都不会

四、1. 错误。订正：这句话这样说不行。 2. 错误。订正：他任何困难都能克服。（任何困难他都能克服。）3. 错误。订正：这家咖啡厅人很少。 4. 错误。订正：饺子我包好了。 5. 错误。订正：这架钢琴音色很好。 6. 错误。订正：这个模特身材太好了。 7. 错误。订正：这台电脑我已经用了三年了。 8. 错误。订正：这盒颜料他用来画了一幅画。 9. 正确。 10. 错误。订正：今天的课我没有去听。

五、略。

思考与练习二

一、1. 她去年送了我一件衣服。 2. 同学们都叫王老师王妈妈。 3. 我问了小张什么时候开会。 4. 莉莉告诉了我这个秘密。 5. 他称呼我姑姑。 6. 李教授教我语法。 7. 去年生日时妈妈送了我这架钢琴。 8. 小李告诉我所有事情。 9. 他给了我一杯咖啡。 10. 小李送了小张一本《红楼梦》。

二、略。

三、1. 错误。订正：昨天他送了女朋友一束玫瑰花。 2. 错误。订正：今天张老师教了我们二十个生词。 3. 错误。订正：你能不能再送我一个苹果？

4.错误。订正：他昨天没借钱给我。 5.错误。订正：大卫常常问老师语法问题。
6.正确。 7.错误。订正：李华告诉我张老师住院了。 8.错误。订正：他送了
我一件裙子。 9.正确。 10.错误。订正：他教了我很多道理。

四、1.A 2.C 3.A 4.D 5.A 6.D

五、略。

思考与练习三

一、1.父亲倒了一杯酒喝。 2.他去医院看望朋友了。 3.他正在皱着眉
头思考问题。 4.我们骑自行车去春游。 5.老师站着给我们讲课。 6.他听音
乐听得很入迷。 7.他喝酒喝醉了。 8.他们俩聊天聊出了感情。 9.玛丽参加
唱歌比赛得了第一名。 10.这孩子走路走累了。 11.张老师笑着跟大家握了握
手。 12.大卫来中国学习汉语了。 13.张三跳高扭伤了脚。 14.王芳上个月去
欧洲留学了。 15.小李用毛笔写了两封信。

二、1.错误。订正：我去医院看看他。 2.错误。订正：他眯着眼睛笑了。
3.错误。订正：我不去超市买菜。 4.错误。订正：他坐下来吃了一碗饭。 5.错误。
订正：他去图书馆借书了。 6.错误。订正：我用钢笔写作业。 7.错误。订正：
他没坐火车去北京。 8.错误。订正：我坐地铁去上班。 9.正确。 10.正确。

三、1.B 2.A 3.C 4.C 5.A

四、1.他一直没有机会感谢那位老师。 2.上星期我们坐船去了海南。 3.你
去小卖铺买杯咖啡吧！ 4.她现在没有钱买这么贵的化妆品。 5.你有机会给我
们表演一个节目吧！ 6.我们一般都是用右手拿筷子。 7.他有事没有参加今天
的晚会。 8.他穿上衣服拉开门走了出去。 9.我昨天去电影院看了一场电影。
10.老李每天都骑自行车上班。

五、略。

思考与练习四

一、1.她让我打开窗户。 2.妈妈叫我去写作业。 3.张三求李四帮他。 4.他
讨厌同屋吸烟。 5.大家都夸他是我们学习的榜样。 6.他的那瓶水给我喝了。

7. 我称我爸爸的弟弟为叔叔。 8. 轮到你上台演讲了。 9. 他有个妹妹在北京工作。 10. 昨天是他借走了我的书。

二、1. 错误。订正：我没有叫他买点心。（我叫他别买点心。） 2. 错误。订正：他没有朋友喜欢游泳。（他有朋友不喜欢游泳。） 3. 错误。订正：他没有朋友在北京工作。（他没有一个朋友在北京工作。） 4. 错误。订正：我没有让他离开。（我让他别离开。） 5. 错误。订正：刚才不是我们叫你。 6. 错误。订正：队长叫我不要去他那里。 7. 错误。订正：你请他不要来了。（你请他别来了。） 8. 正确。 9. 错误。订正：他们让我别出院。（他们没有让我出院。或：他们不让我出院。） 10. 错误。订正：这几个月我没请他做（过）客。 11. 错误。订正：不是他救了我的命。 12. 正确。 13. 错误。订正：他劝大家不要停下来。（他没有劝大家停下来。） 14. 错误。订正：他请我们明天去长沙。 15. 正确。

三、1. 老师不让大家打开课本。 2. 妈妈没有叫你出去。 3. 现在请你别说话。 4. 这件事使我非常不高兴。 5. 请你不要把这本书放在桌子上。 6. 我不喜欢他说话慢慢吞吞的。 7. 你别让他把书给我送过来了。（你让他别把书给我送过来了。） 8. 我们都没有选他当班长。 9. 我没有一件衣服是在地摊儿上买的。 10. 昨天不是同学送我回家的。

四、1. B 2. C 3. A 4. A 5. A 6. B 7. A 8. A 9. C 10. A

五、1. 明天有一个亲戚要来我家串门。 2. 这个好消息让我们大家兴奋极了。 3. 窗外的雷雨声让这个小女孩觉得很害怕。 4. 这张旧照片让我想起了童年的一段往事。 5. 老李打电话叫我们去现场一趟。 6. 一个月的实习生活使我对教育工作有了新的认识。 7. 王平的话使我感动得流下了眼泪。 8. 他有一个朋友在新区开了一家川菜馆。 9. 考试合格的消息终于使他松了一口气。 10. 那个孩子总是让大人为他操心。

六、1. 是 2. 是 3. 不是 4. 不是 5. 是 6. 是 7. 是 8. 不是 9. 不是 10. 不是

七、略。

思考与练习五

一、1. × 2. × 3. √ 4. × 5. × 6. √ 7. √ 8. × 9. √ 10. × 11. √ 12. √ 13. √ 14. × 15. ×

二、1. D 2. B 3. C 4. B 5. A

三、1. A 2. C 3. C 4. B 5. C 6. A 7. B 8. B 9. C 10. A

四、1. 我已经把这几件衣服卖出去了。 2. 大风把院子里的一辆自行车吹倒了。 3. 他把那封信撕碎了。 4. 李叔叔把那群羊赶上了山。 5. 我把昨天做好的作业忘在宿舍了。 6. 王爷爷的狗把那个小姑娘咬伤了。 7. 这件事情把她愁得头发都白了。 8. 他还没有把那本书看完。 9. 李老师轻轻地把书放在了桌子上。 10. 那辆汽车把街边的石头撞飞了。

五、略。

思考与练习六

一、1. 电脑被装在行李箱里了。 2. 小男孩儿被响声吓了一跳。 3. 礼物被我送给姐姐了。 4. 这本小说一个晚上就被他看完了。 5. 他被这件事伤透了心。 6. 他的房间被孩子们弄乱了。 7. 妈妈被大卫从飞机场接了回来。 8. 那个蓝色杯子被他打破了。 9. 那件衣服被我挂在衣柜里了。 10. 这件事被他记下来了。

二、1. 被她借走了 2. 被警察抓住了 3. 被我摔碎了 4. 被爸爸批评了 5. 已经被救（上来）了 6. 被老板开除了 7. 被骗惨了 8. 被谁拿走了 9. 不要被别人听到了 10. 被送到了医院

三、1. A 2. B 3. C 4. A 5. D 6. C 7. A 8. D 9. B 10. B

四、1. 他的头被一块大石头撞伤了。 2. 他病得很厉害，被送到医院了。 3. 这本书已经被他撕破了。 4. 大家都被这个事迹所感动。 5. 那位老婆婆被路人送到医院去了。 6. 那辆自行车没有被他骑走。 7. 那个青年教师被学校派出国学习德语去了。 8. 张先生应该不愿意被别人打扰。 9. 那架废弃的钢琴被他修得像新的一样。（他那架废弃的钢琴被修得像新的一样。） 10. 那个广告牌

227

估计会被拆下来。

五、略。

思考与练习七

一、1. 我比妹妹大九岁。（妹妹比我小九岁。）2. 妹妹比姐姐长得更好看。3. 我比他更爱你。4. 你比他人品好。 5. 他比原来更懒。 6. 那支笔比这支好用。7. 这个女孩（现在）比原来更漂亮了。 8. 那个孩子比这个孩子更聪明。 9. 他比这里的其他孩子更爱学习。 10. 我的作业比他的少得多。（他的作业比我的多得多。）

二、1. 错误。订正：这条裙子比那条大得多 / 多了。 2. 错误。订正：他跟我一样都不喜欢吃辣的。 3. 错误。订正：我的房间不比你的房间大。（我的房间没有你的房间大。）4. 错误。订正：这儿比哪儿都干净。（这儿最干净。）5. 错误。订正：他的身体不如从前了。 6. 错误。订正：他跟我一样喜欢吃香蕉。 7. 错误。订正：这件衣服的风格跟那件不一样。8. 正确。9. 错误。订正：他跑得跟我一样快。 10. 错误。订正：我家乡的风俗跟你们的不一样。

三、1. 比 2. 更 3. 比 4. 比 5. 最 6. 比 7. 最 8. 更 9. 更 10. 比

四、1. C 2. D 3. A 4. A 5. D 6. C 7. A 8. C 9. B 10. C

五、1. 我没有她爱说话。（我不如她爱说话。）2. 这个姑娘比以前更漂亮了。3. 我跟哥哥一样努力。 4. 弟弟没有哥哥高。 5. 这次考试张三比我少考一分。6. 她像她妈妈一样漂亮。 7. 年轻人总是不如老年人有经验。 8. 这孩子比以前更懂事了。 9. 我跟很多人一样不理解这件事。 10. 这些孩子中他最懂事。

六、1. 我和他一样都不会跳舞。 2. 姐姐没有我了解父母。（姐姐不比我更了解父母。）3. 这种花不像那种花那样香。4. 这个孩子不如你能吃。5. 他跑得不像哥哥那样快。6. 这家店的生意没有以前好了。 7. 这间屋没有那间大。（这间屋不比那间大。）8. 我不是更喜欢上海。（我并非更喜欢上海。） 9. 我不是最愿意帮助别人的。（我最不愿意帮助人。） 10. 这个孩子没有他爸爸那么高。

七、1. 我的汉语水平不比玛丽高。　2. 哥哥长得比弟弟高五厘米。　3. 哥哥比我更为就业发愁。　4. 那个医生没有你这么关心患者。　5. 我们的生活质量一天比一天高了。　6. 她看起来比实际年龄小很多。　7. 夏天上海的气温比沈阳高得多。（上海夏天的气温比沈阳高得多。）8. 他的帽子跟我的不一样。（我的帽子跟他的不一样。）9. 这个经理不如职员那么熟悉业务。　10. 这部电视剧没有那部好看。

八、略。

思考与练习八

一、1. 屋顶上飞过去一架飞机。2. 鸡窝里跑出来一只鸡。3. 楼上掉下来一件衣服。4. 楼上跳下来一条狗。5. 外面下着雨呢。6. 门口停着一辆车。7. 墙上挂着一幅画。8. 屋里走出来一位老大爷。9. 会议室里坐着好几个人。10. 桌子上放着一本书。

二、1. 很多鲜花放在戏台上。（静态存在句）2. 一枚胸针别在她衣服上。（静态存在句）3. 戏台上正在演京剧。（动态存在句）4. 教室里正在上课。（动态存在句）5. 几幅画挂在走廊上。（静态存在句）6. 炉子上正在熬粥。（动态存在句）7. 一个人躺在床上。（静态存在句）8. （1）山上正在架炮。（动态存在句）（2）炮架在山上。（静态存在句）9. （1）屋里正在摆酒席。（动态存在句）（2）酒席摆在屋里。（静态存在句）10. （1）房间里正在生火。（动态存在句）（2）火生在房间里。（静态存在句）

三、1. 存在句。　2. 出现句。　3. 消失句。　4. 存在句。　5. 出现句。　6. 消失句。　7. 存在句。　8. 消失句。　9. 存在句。　10. 出现句。

四、1. 正确。　2. 正确。　3. 错误。订正：家里来了一位客人。（家里来客人了。）4. 错误。订正：我们班里来了一位新同学。（我们班里来新同学了。）5. 错误。订正：天上飞过去一只鸟。　6. 错误。订正：天空中有一道光。（天空中出现了一道光。）7. 错误。订正：前面走来一位英俊的少年。（前面有一位英俊的少年。）8. 正确。9. 错误。订正：楼上走下来一位老师。10. 错误。

订正：教室后面挂着 / 了一张世界地图。

五、1.围 / 系 戴 穿 写 2.放 / 摆 摆 / 放 插 挂 / 贴 画 戴 坐

六、略。

思考与练习九

一、1.门口有一个人。 2.这箱苹果大概有三十斤重。 3.小明有你这么高了。 4.他有个妹妹叫张丹。 5.桌子上有很多好看的盘子。 6.我们班有位同学退学了。 7.屋顶上有一架飞机飞过去了。 8.爸爸有个朋友给我介绍了工作。 9.这个袋子里有妈妈带给我的特产。 10.那些人中有他的舅舅。（那些人中有一位是他的舅舅。） 11.这块肉有五斤重。 12.床上有位白发苍苍的老人。 13.四楼的书有政治的、地理的、历史的。 14.山上有一只羊跑下来了。 15.这棵树有两层楼那么高。

二、1.莉莉没有露西那么漂亮。 2.张小凡的身高没有一米八。 3.弟弟没有哥哥那么高。 4.张三家的孩子没有你这么懂事。 5.这家餐厅的环境没有那家好。（这家餐厅没有那家的环境好。） 6.那本书没有这本吸引人。 7.张二没有李四性格好。（张三性格没有李四好。）8.这个女明星没有你漂亮。9.他没有妹妹在北京工作。 10.这本书上没有我需要的论文。

三、1.错误。订正：他有六十公斤那么重。 2.错误。订正：篮球队里有一个队员走了。 3.错误。订正：舞台上站有很多人。（舞台上站着很多人。）4.错误。订正：屋子里有很多人在织毛衣。 5.错误。订正：这条绳子差不多有两米长。 6.正确。 7.错误。订正：门外有（个）人在敲门。 8.错误。订正：张丹没有妹妹在北京工作。（张丹没有一个妹妹在北京工作。）9.错误。订正：我没有他高。（我不比他高。） 10.错误。订正：小明哥哥没有小明高。

四、1.A 2.C 3.D 4.C 5.B 6.D 7.B 8.A

五、1.能力 2.教养 3.眼光 4.好转 5.三公里 6.五斤 7.五十米 8.提高 9.一米八 10.经验

六、1.我有一个好朋友在这里工作。 2.他的操作水平有了明显的提高。

3. 家里连件像样的家具都没有。　4. 我有个朋友在银行当大堂经理。　5. 田野里有一只小牛正在狂奔。　6. 这条路的尽头有一家环境不错的咖啡厅。　7. 我的书房里有地理书、政治书、历史书、物理书等等。　8. 这一年我的语文成绩有了很大的提高。　9. 听说最近那个罪犯的态度有了很大的转变。　10. 我觉得那个西瓜没有那么重。

七、略。

思考与练习十

一、1. 我的弟弟在院子里。　2. 我的车在前面停着。　3. 我要找的人不在这里。　4. 我在这儿找不到感兴趣的事。（我感兴趣的事不在这儿。）5. 那封信在他的书包里藏着。　6. 你需要的资料在电脑里存着呢。　7. 那个想法一直在他心里。　8. 她精心准备的晚饭在桌子上。　9. 找你的人在门口。　10. 我的手机在他手里拿着。

二、1. 是 2. 在 3. 是 4. 有 5. 有 / 是 6. 在 7. 在 8. 是 9. 有 10. 有

三、1. 错误。订正：她默默地在客厅里坐着等我。　2. 正确。　3. 错误。订正：他在前面的十字路口等你。　4. 错误。订正：那架钢琴很久没在这里摆放了。　5. 错误。订正：有个人在门口等了你很长时间。　6. 正确。　7. 错误。订正：小鸟在天空中自由地飞翔。　8. 错误。订正：我昨天下午在图书馆看书。　9. 错误。订正：张晓军在床上睡着。　10. 正确。

四、1. 在图书馆 2. 在酒店 3. 有好几个学生 4. 飞过去 5. 在我生日 6. 在操场上 7. 停着 8. 在哪里 9. 在办公室 10. 是我的好朋友

五、1. 这架钢琴在这里放了很长时间了。　2. 小鸟在窗台上叽叽喳喳地叫个不停。　3. 这件衣服在别的店里要价很高。　4. 按照规定，不能在地铁里吃东西。　5. 这件事情完全没有在我的考虑范围之内。　6. 鸟巢在狂风暴雨的吹打下从树上掉了下来。　7. 我家就在那家咖啡厅的对面。　8. 我在这里等了你两个小时了。　9. 妈妈在厨房里给我们做饭。　10. 我的衣服都在柜子里，一件也没有拿出来。

六、略。

思考与练习十一

一、1. 是我们选李明做了学生会主席。（我们是选李明做了学生会主席。）2. 爷爷每天是早上六点起床。（爷爷是每天早上六点起床。）3. 我觉得他是放弃了这个念头。4. 大卫的汉语真是不错。5. 张经理现在是在会议室里。6. 小林是学习努力，非常刻苦。7. 现在的生活是大不如从前了。8. 现在我们是应该去上课了。9. 是我把那本书弄丢了。（我是把那本书弄丢了。）10. 是这个箱子比其他箱子重。11. 他的那本《红楼梦》是被我借走了。12. 楼上那个房间是没住人。（是楼上那个房间没住人。）13. 我妈妈是有两个女儿。14. 床上是我的书包。（我的书包是在床上。）15. 屋里坐着的是一位白发苍苍的老太太。

二、1. 错误。订正：这件事情你暂时别告诉他。2. 错误。订正：屋里面坐着的是张明明。3. 正确。4. 错误。订正：我不是去图书馆借书。5. 错误。订正：他是非常不想放弃自己的工作。6. 错误。订正：这个人是不是我们班的学生（呢）？（这个人是我们班的学生吗？）7. 错误。订正：她（是）不爱他，否则也不会拒绝他的求婚。（她不是不爱他，否则也不会答应他的求婚。）8. 正确。9. 错误。订正：我是被他打败了。10 错误。订正：我是在北京工作。（我的工作是在北京。）

三、1. A 2. C 3. B 4. C 5. C 6. B 7. D 8. D

四、略。

思考与练习十二

一、1. 大卫去图书馆是查资料的。（大卫是去图书馆查资料的。）2. 这件事他是昨天在办公室告诉我的。（这件事是他昨天在办公室告诉我的。或：他昨天是在办公室告诉我这件事的。）3. 昨天下午的会，是在线开的。4. 莉莉是因为无聊才给我打电话的。5. 是他打碎那个杯子的。（那个杯子是他打碎的。）6. 这束花是送你的。7. 他来这里是看你的。（他是为了看你来这里的。） 8. 这件衣服是姐姐送给她的。（这件衣服姐姐是送给她的。） 9. 爷爷是不会允许这件事发生的。 10. 地里的小草是绿油油的。

二、1. 他连想都没想就回答了老师的问题。 2. 他俩是去年在舞会上认识的。 3. 明天的活动你不应该不参加。 4. 我什么时候骗过你？ 5. 你怎么能相信他说的话呢？ 6. 他不是听说过这件事吗？ 7. 这些日子以来奶奶没有一天不开心。 8. 他是在那家商店买的礼物。 9. 他连一个题目也／都没有答对。 10. 你难道不知道这件事吗？

三、1. 叙述：准备告诉你这件事。 2. 时间：昨天下午。 3. 材料：用纯金。 4. 条件：在导师的指导下。 5. 处所：在售票处。 6. 描写：花白花白。 7. 目的：为了正义。 8. 工具：用彩笔。 9. 受事：赞成票。 10. 评价：很及时。

四、1. 这辆自行车是妈妈送给我的。 2. 那枚戒指是他昨天在商店买的。 3. 她是去年夏天自驾去四川旅游的。（去年夏天她是自驾去四川旅游的。） 4. 你的提议大家肯定是会赞成的。 5. 他本来是不打算把这个礼物送给我的。 6. 陈景润这个天才是华罗庚发现的。（是华罗庚发现陈景润这个天才的。） 7. 这件事情这样做是不应该的。（这件事情是不应该这样做的。） 8. 这么固执的人是不会听别人的意见的。 9. 公司的这项改革是非常有眼光的。 10. 他是不会放弃读研究生的。

五、略。

第五章　复　句

思考与练习一

一、1. 单句。 2. 单句。 3. 复句。 4. 复句。 5. 单句。 6. 复句。 7. 单句。 8. 复句。 9. 单句。 10. 单句。

二、略。三、略。

思考与练习二

一、1. 目的。 2. 递进。 3. 解说。 4. 假设。 5. 假设。 6. 转折。 7. 因果。 8. 条件。 9. 并列。 10. 承接。

二、1. 尚且 何况 2. 虽然 但是 3. 一边 一边 4. 不论 都 5. 与其 说 6. 无论 都 7. 为了 8. 一 就 9. 如果 就 10. 要是（既然） 就

三、1. B 2. C 3. A 4. D 5. B 6. B 7. A 8. C 9. A 10. D

四、1. 他不但喜欢听姐姐唱的歌，而且也很欣赏妹妹唱的。 2. 那个公园既有山又有水，吸引了很多游客。 3. 他们一方面想了解学生的学习情况，另一方面也想了解老师的教学方法。 4. 与其扔掉这辆自行车，不如送给有需要的人。 5. 她宁肯自己受累，也不愿麻烦别人。 6. 我们宁可自己吃亏，也决不占别人的便宜。 7. 不论前面的征途中还有多少艰难险阻，我们都要勇往直前。 8. 他不但没好好学习，反而顶撞父母，离家出走了。 9. 我们都应该抓紧时间复习，以便顺利地通过考试。 10. 你快点儿给家里打个电话，省得父母担心。

五、1. 没有知识，‖^{假设}工人就无法做好工作；‖^{并列}有了知识，‖^{条件}工人才能更好地完成任务。 2. 困难欺软怕硬，|^{解说}你的思想是硬的，|||^{假设}它就变成豆腐，‖^{并列}你的思想是软的，|||^{假设}它就变成了钢铁。 3. 哪怕别人夸她年轻，‖^{假设}她也不是滋味，|^{因果}因为一个真正年轻的女人，是用不着特意去夸她的。 4. 屋里非常闷热，‖^{转折}但他不敢到院子里去，|^{因果}一来是腿软得像没了骨头，‖^{并列}二来是怕被人家看见。 5. 假若没有这一对眼睛，|^{假设}她虽长得很匀称秀气，‖^{转折}可也显不出她有什么特别引人注意的地方了。

六、略。七、略。

主要参考文献

［1］北京大学中文系现代汉语教研室.现代汉语（增订本）［M］.北京：
商务印书馆，2012.

［2］曹逢甫.汉语的句子与子句结构［M］.王静，译.北京：北京语言大
学出版社，2005.

［3］程美珍.汉语病句辨析九百例［M］.北京：华语教学出版社，1997.

［4］丁声树，吕叔湘，李荣，孙德宣，管燮初、傅婧，黄盛璋，陈治文.现
代汉语语法讲话［M］.北京：商务印书馆，1961.

［5］邓思颖.形式汉语句法学（第二版）［M］.上海：上海教育出版社，
2019.

［6］范晓.汉语的句子类型［M］.上海：书海出版社，1998.

［7］范晓.汉语句子的多角度研究［M］.北京：商务印书馆，2009.

［8］房玉清.实用汉语语法（第二次修订本）［M］.北京：北京语言大学
出版社，2008.

［9］冯胜利，施春宏.三一语法：结构•功能•语境——初中级汉语语法点
教学指南［M］.北京：北京大学出版社，2015.

［10］付玉萍，成文，金纪文.HSK语法讲练［M］.北京：北京语言大学出版社，
2003.

［11］胡裕树.现代汉语（增订本）［M］.上海：上海教育出版社，1987.

［12］黄伯荣，廖序东.现代汉语（增订六版）［M］.北京：高等教育出版社，
2017.

［13］黄伯荣，李炜.现代汉语［M］.北京：北京大学出版社，2012.

［14］黄正德，李艳惠，李亚非.汉语句法学［M］.北京：世界图书出版公司，
2013.

［15］孔子学院总部，国家汉办.HSK考试大纲（一级）［M］.北京：人民
教育出版社，2015.

［16］孔子学院总部，国家汉办.HSK考试大纲（二级）［M］.北京：人民

教育出版社，2015.

［17］孔子学院总部，国家汉办.HSK 考试大纲（三级）［M］.北京：人民教育出版社，2015.

［18］孔子学院总部，国家汉办.HSK 考试大纲（四级）［M］.北京：人民教育出版社，2015.

［19］孔子学院总部，国家汉办.HSK 考试大纲（五级）［M］.北京：人民教育出版社，2015.

［20］孔子学院总部，国家汉办.HSK 考试大纲（六级）［M］.北京：人民教育出版社，2015.

［21］孔子学院总部，国家汉办.国际汉语教学通用课程大纲（修订版）［M］.北京：北京语言大学出版社，2014.

［22］李德津，程美珍.外国人实用汉语语法［M］.北京：华语教学出版社，1988.

［23］李德津，金德厚.汉语语法教学［M］.北京：北京语言大学出版社，2009.

［24］李临定.现代汉语句型（增订本）［M］.北京：商务印书馆，2011.

［25］刘丹青.语序类型学与介词理论［M］.北京：商务印书馆，2003.

［26］刘英林，等.汉语水平等级标准与语法等级大纲［M］.北京：高等教育出版社，1996.

［27］刘英林，等.国际中文教育中文水平等级标准［M］.北京：北京语言大学出版社，2021.

［28］李英哲，郑良伟，Larry Foster，贺上贤，侯炎尧，Moira Yip.实用汉语参考语法［M］.熊文华，译.北京：北京语言学院出版社，1990.

［29］刘月华，潘文娱，故韡.实用现代汉语语法（增订本）［M］.北京：外语教学与研究，2001.

［30］卢福波.对外汉语教学实用语法（修订本）［M］.北京：北京语言大学出版社，2011.

［31］陆俭明.现代汉语语法研究教程（第四版）［M］.北京：北京大学出版社，2013.

［32］吕必松.汉语语法新解［M］.北京：北京语言大学出版社，2015.

［33］吕叔湘.中国文法要略［M］.北京：商务印书馆，1942/1982.

［34］吕叔湘.汉语语法分析问题［M］.北京：商务印书馆，1979.

［35］吕叔湘.语法修辞讲话［M］.北京：开明书店，1952.

［36］吕文华.对外汉语教学语法讲义［M］.北京：北京大学出版社，2014.

［37］马庆株.汉语语义语法范畴问题［M］.北京：北京语言文化大学出版社，1998.

［38］马真.简明实用汉语语法教程（第二版）［M］.北京：北京大学出版社，2015.

［39］苗东霞.HSK 考前强化——语法［M］.北京：北京语言大学出版社，2007.

［40］齐沪扬.对外汉语教学语法［M］.上海：复旦大学出版社，2013.

［41］邵敬敏.现代汉语通论（第三版）［M］.上海：上海教育出版社，2016.

［42］沈阳，郭锐.现代汉语［M］.北京：高等教育出版社，2014.

［43］施春宏.汉语基本知识（语法篇）［M］.北京：北京语言大学出版社，2011.

［44］施春宏.汉语纲要（下册）［M］.北京：北京语言大学出版社，2018.

［45］石毓智.汉语语法［M］.北京：商务印书馆，2010.

［46］宋玉柱.现代汉语语法十讲［M］.天津：南开大学出版社，1986.

［47］宋玉柱.现代汉语特殊句式［M］.太原：山西教育出版社，1991.

［48］孙德金.汉语语法教程［M］.北京：北京语言学院出版社，2002.

［49］王还.对外汉语教学语法大纲［M］.北京：北京语言学院出版社，1995.

［50］王力.中国现代语法［M］.北京：商务印书馆，1985.

［51］王寅.构式语法研究（上下卷）［M］.上海：上海外语教育出版社，2011.

［52］王素梅.对外汉语教学语法概要［M］.沈阳：沈阳出版社，2000.

［53］肖奚强，等.外国学生汉语句式学习难度及分级排序研究［M］.北京：高等教育出版社，2009.

［54］邢福义.汉语语法学［M］.长春：东北师范大学出版社，1996.

［55］邢福义.汉语复句研究［M］.北京：商务印书馆，2001.

［56］邢福义，汪国胜.现代汉语［M］.武汉：华中师范大学出版社，2003.

［57］杨德峰.对外汉语教学核心语法［M］.北京：北京大学，2009.

［58］杨德峰.汉语作为第二语言的语法和语法教学研究［M］.北京：北京大学出版社，2021.

［59］杨玉玲，吴中伟.国际汉语语法与语法教学［M］.北京：高等教育出版社，2013.

［60］袁毓林.汉语配价语法研究［M］.北京：商务印书馆，2010.

［61］张宝林.汉语教学参考语法［M］.北京：北京大学出版社，2006.

［62］张斌.现代汉语描写语法［M］.北京：商务印书馆，2010.

［63］张斌，胡裕树.汉语语法研究［M］.北京：商务印书馆，1989.

［64］张伯江，方梅.汉语功能语法研究［M］.南昌：江西教育出版社，1996.

［65］张志公.汉语语法常识［M］.北京：中国青年出版社，1953.

［66］赵元任，汉语口语语法［M］.吕叔湘，译.北京：商务印书馆，1979.

［67］中国社会科学院语言研究所词典编辑室.现代汉语词典（第七版）［M］.北京：商务印书馆，2016.

［68］朱德熙.语法讲义［M］.北京：商务印书馆，1982.

［69］朱德熙.语法答问［M］.北京：商务印书馆，1985.

后 记

本书是基于笔者十余年汉语句子研究与汉语句子教学实践的经验撰写而成的。汉语句子一直是我们科研与教学的重心所在，此前出版的著作与发表的论文主要涉及了"是"字句和"是……的"句、主谓谓语句、名词谓语句、非宾格动词句、非常规宾语句、复句、感叹句等，近年来指导学生写作的毕业论文则涉及了被动句、存现句、受事主语句、空主语句、空动词句、重动句、双宾语句、多重事件句，以及定语标志、特殊状语等。

我们的语法教学工作主要包括面向留学生开设的"现代汉语语法""汉外语言对比与翻译""汉语习得偏误分析"课，以及面向研究生开设的"对外汉语语言要素教学"课等。在这些课程里，汉语语法特征是师生共同进行语法学习和语法研究的焦点，而所有语法要素只有进入句子才能灵动起来，真正地表情达意。在我们的课堂上，老师和中外学生会针对汉外语法的异同进行"研究性学习"，每当总结出某种语法规律时，大家都会兴奋不已！

感谢 2020 年度教育部中外语言交流合作中心国际中文教育重点创新项目、2019 年教育部人文社科重点研究基地重大项目"现代汉语教学语法研究"（项目编号为 19JJD79004）以及辽宁省教育厅 2020 年度科学研究青年项目"现代汉语'是'字句的同构性分析"（编号为 WQN202012）对本书的支持！

感谢我们求学过程中遇见的各位尊敬的指导老师，是他们对我们的谆谆教诲，使我们领略到了语法研究与语法教学的无穷魅力，从而乐此不疲！感谢沈阳师范大学国际教育学院的各位校领导和同事们对我们的支持和帮助！感谢我们的好友张大强博士和研究生苗梦华同学为本书提供的大量第一手写作素材！感谢研究生罗元、孙婧、卢崇楠、李尧珂、李佳美等同学对本书逐字逐句的校对！感谢长春出版社杜菲女士为本书的立项、出版等工作付出的努力！感谢各位！

屠爱萍　钱　多

2021 年 10 月于沈阳师大